社科专业图书馆共生发展问题研究

白 云/著

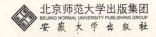

图书在版编目(CIP)数据

社科专业图书馆共生发展问题研究/白云著.
—合肥:安徽大学出版社,2014.9
(博学文库)
ISBN 978-7-5664-0829-7

Ⅰ.①社… Ⅱ.①白… Ⅲ.①社会科学—专业图书馆—研究 Ⅳ.①C289

中国版本图书馆 CIP 数据核字(2014)第 197357 号

社科专业图书馆共生发展问题研究   白云 著
Sheke Zhuanye Tushuguan Gongsheng Fazhan Wenti Yanjiu

出版发行	北京师范大学出版集团 安 徽 大 学 出 版 社 (安徽省合肥市肥西路 3 号 邮编 230039) www.bnupg.com.cn www.ahupress.com.cn
印　刷	安徽省人民印刷有限公司
经　销	全国新华书店
开　本	152mm×228mm
印　张	13
字　数	159 千字
版　次	2014 年 9 月第 1 版
印　次	2014 年 9 月第 1 次印刷
定　价	26.00 元

ISBN 978-7-5664-0829-7

策划编辑:朱丽琴		装帧设计:李　军　金伶智	
责任编辑:李加凯		美术编辑:李　军	
责任校对:程中业		责任印制:陈　如	

版权所有　侵权必究

反盗版、侵权举报电话:0551—65106311
外埠邮购电话:0551—65107716
本书如有印装质量问题,请与印制管理部联系调换.
印制管理部电话:0551—65106311

序

《社科专业图书馆共生发展问题研究》是安徽省社会科学院图书馆馆长白云同志的新作,近期即将付印面市。作者嘱为之作序,欣然应之。

在图书馆学情报学界的众多朋友中,我认识白云同志算是比较晚的。2012年秋,中国社会科学情报学会在安徽召开年会,会议期间,我们得以认识,并有机会交谈。但此后再也没有见过面,偶尔的联系都是通过电子邮件或电话、短信,交往并不多,可这并不影响我们成为"忘年交"。

白云馆长给我留下了比较深刻的印象。她是一位年轻有为的学者。我们学会的年会,每次都对征文进行论文评奖,在安徽那次会上,颁布的获奖名单中,就有白云。她当时还是副馆长,获得了二等奖。即使如此,也仅是略有印象。后来有了一些通讯联系,也注意到她不时在报刊上发表的作品,这才有了进一步了解,并留下了较深印象。据我所知,她曾从事过地方史和历史文献领域的研究,而从事图书馆学情报学研究则始于2005年。起步虽不算早,但却有着鲜明的特点:一是她始终关注专业领域的前沿问题,她发表的第一篇文章就是有关社会科学专业图书馆数字化建设的,虽然稍显稚嫩,但从那以后,就一直坚持不断,孜孜以求,在繁忙的管理工作之余,潜心于社会科学专业图书馆现代化管理及信息资源服务等方面的研究;二是结合工作实践,进行有针对性的应用对策研究,把关注点聚焦于地方社科院图书馆建设与发展问题,在理论与实践的结合上勤奋探索。由于学有专长,且持之以恒,因而取得了不俗的成绩。先后在《情报资料工作》、《图书馆理论与实践》、《江淮论坛》等杂志上发表了十多篇论文,其中有两篇被人大复印报刊资料《图书馆学情报学》全文转载。近年来,她又先后承担并完成了省、市级社科规划图书馆专业项目多项。通过不懈努力奋斗,逐渐在本领域崭露头角,成为新秀。

白云同志是一位执着、严谨和富于探索精神的学者,为人朴实坦诚、待人谦和有礼,请教则真诚,求助则直白。为学与为人的结合,造就了她严谨的治学态度。她发表的文章,都经历了广泛搜集文献资料、提炼分析数据及文献和研判的过程,有时更是深入基层调研,开展田野调查,在掌握大量第一手资料的基础上,进行分析研究,提出自己的见解和看法。这样的文章自然能抛却浮华、不尚空谈、立论有据。我曾读到过她在《情报资料工作》上发表的《省域社科文献信息资源建设探析——基于安徽省社科文献信息资源建设与分布状况的调查与分析》,对安徽地方的公共图书馆、高校图书馆、党校图书馆及社科院图书馆等各大系统的图书馆进行了全面调研,通过对搜集到的大量一手资料进行分析,由点及面,由个案分析到寻求普遍规律,对我国省域社会科学文献信息资源共建共享提出了自己的看法。严谨扎实,有理有据,给人以启迪。论文背后的工作量之大,可想而知。为一篇学术论文下这么大功夫,可能会被有的人视为"不值得",但却正好体现了我们今天应该大力提倡的求实精神和良好学风。这篇论文后来经过同行专家的严格挑选,被人大复印报刊资料全文转载,就不奇怪了。

关于为本书作序,还有一个小插曲。去年上半年,接到白云电话,说是正在准备写书,其核心想法已发表在《中国社会科学报》上。当时我说:"嗯,我已读过你那篇文章了,写得很好,有创见!"受到鼓励,想必也是高兴,她当即提出:"如果将来书稿完成了,能否请您写个序啊?"我回答说:"好啊,当然可以,到时候你早些告诉我,如有时间,我一定抽空给你作序。"其实,当时我们双方的通话多半只是带有鼓励的色彩。谁知,不久前,接到白云电话,说书稿已经成型,即将出版,可否寄来提提意见。电话中,她反而没有了当初书稿尚在襁褓中时的勇气,说话犹犹豫豫、支支吾吾,我起初并没有在意,后来才反应过来,于是以多少有点调侃的口气说:"既然书稿给我了,是不是要我给你写个序啊?"这时她才如释重负,激动地连声说:"是的,是的,特别盼望您作序,可就是不好意思说出来!"

一诺千金,这就是今天这个短短的序言产生的原因之一。

但这并不是答应写序的全部原因。更主要的,是出于对本书所取得的成功的肯定。本书的选题新颖,选取了共生理论这样一个独特的视角,来考察社会科学专业图书馆的建设和发展问题,的确是先前人们关注度不够的一个研究领域。"共生理论"本是生物学中的一个重要概念,指不同生物个体之间共生、共存的关系,被作者应用来探索各类图书馆之间关系及未来发展、有利条件及存在问题,给我们提出了许多需要思考的新问题。从这个意义上说,在一定程度上起到了创新理论、开拓学术研究新领域的积极作用。多年来,运行体制机制僵化、服务面狭小、各自为政、缺乏协调等小、散、弱等不足是我国社会科学专业图书馆普遍存在的现象。近年来,哲学社会科学创新工程的实施,既给我国的社会科学图书情报事业的发展提供了非常好的机遇,也为社会科学图书馆研究提供了空前广大的空间。学界在这方面做出了艰辛努力和深入探讨,取得了大量成果。然而,社科专业图书馆固有的缺陷和弊端仍然存在,其应用价值也未能充分体现出来,这一点得到人们普遍的认同。从某种意义上说,我国社会科学图书馆建设发展理论研究与实践都处于一种瓶颈状态,有待理论创新和方法创新。而本书引入共生理论,以共生视角来研究我国社会科学专业图书馆建设与发展问题,给人以耳目一新的感觉,在图书馆事业和学科的研究领域为我们展示了新的视野,有重要的启示和借鉴意义。

作者指出,过去我们在谋划我国社会科学专业图书馆建设与发展问题时,往往单纯地强调提升自身"竞争力",并将其作为社会科学专业图书馆应对挑战的最重要方式和首选对策,这种探讨思路,理论上有其合理性,然而一旦付诸实践,其预期目标却难以实现。这正是目前我国社会科学专业图书馆建设与发展以及图情服务创新在理论上和实践中不能同步推进的重要原因。作者认为,现在应该从实际出发,转换思路,或者说有必要引入新理论、新方法,另辟蹊径地探讨和谋划社会科学专业图书馆建设与发展问题。共生理论便是已经社会科学其他学科领域验证过的,可以引入图书馆学的研究领域。显然,它是在思考社会科学专业图书馆建设与发展问题时的一种适用性理论。具体地说,共生的本质是共生单元在分工基础上的合作,以弥补单一单元在功能上的缺陷。在互惠共生关系中,各共生单元之间产生着能量和利益的交换并实现能量增长与共同进化。社科图情服务是图情事业生物圈中的一员,也是社会科学事业的重要组成部分。在图书情报事业由封闭走向开放的大数据时代背景下,面对科研创新的高品质信息需求,我国的社科图情服务应首先着力于谋求系统和组织"共生"以促进事业发展,这是当前思考我国社会科学专业图书馆建设与发展最为科学而实际的路径选择。上述观点,虽是一家之言,却不无道理。

本书主要有绪论、正文各章、研究结论等九大部分。其主体部分是第二章至第七章,根据共生理论,对我国社会科学专业图书馆建设与发展问题进行了系统思考,观点新颖、结构完备,构建了一个逻辑体系。关于共生理论,我非内行,不敢妄议,但是就其运用该理论来研究社会科学专业图书馆建设与发展问题的思路和做法来说,无疑是值得肯定的。书在眼前,相信阅读本书的读者可以从字里行间感受到作者的清晰思路和独到见解。

此外,可能与该书作者有地方史和历史文献学研究的经历有关,本书保持着"言之成理,持之有据"的传统,有引必注,体现出了科学严谨的学风。这点也是值得赞扬的。恕不一一赘述。

当然,诚如作者在书中所指出的,一种成熟的理论,有时要经过几代人,甚至更长时间的反复验证,才能够做出准确的判断。共生理论借用来探索社会科学专业图书馆的建设及发展,毕竟是一种新的尝试。既是尝试,就有进一步推敲和深化研究的必要。希望作者今后能对共生联合的利弊关系,对共生和互惠共生的差异性等问题继续进行探索,争取有新的发现。同时,希望加强对选题的总体把握,进一步完善体系构建、观点表述、资料积累和选用。这些都是创新性成果中常常会存在的现象,因此,这也为作者更深入的研究预留了足够的空间。

在本书即将与读者面世之时,写下这些感想,是为序。

2014 年初夏于北京

黄长著:中国社会科学院学部委员、研究员,中国社会科学情报学会理事长、国家社科基金图书馆·情报与文献学学科规划评审组召集人;曾任联合国教科文组织国际哲学人文科学理事会副主席、中国社会科学院文献信息中心主任、院图书馆馆长。

目　录

绪　论 ……………………………………………………… 001
 第一节　当前正值繁荣发展哲学社会科学的重大机遇期
    ………………………………………………… 001
 第二节　图书馆在繁荣发展哲学社会科学中的地位和
    作用 …………………………………………… 004
 第三节　开展社会科学专业图书馆建设与发展问题研究
    的重要意义 …………………………………… 008

第一章　我国社会科学专业图书馆概述 ………………… 010
 第一节　我国社会科学专业图书馆产生、发展与系统构成
    ………………………………………………… 011
 第二节　我国社会科学专业图书馆的作用与任务 …… 014
 第三节　我国社会科学专业图书馆实施"图书情报一体
    化"管理的特点 ……………………………… 017
 第四节　我国社会科学专业图书馆与公共图书馆、高等
    院校图书馆的主要区别 ……………………… 022

第二章　我国社会科学专业图书馆建设发展理论研究与实践 …… 026

第一节　既有研究成果综述 …… 027
第二节　图书馆改革实践呼唤理论创新 …… 039

第三章　共生理论及其在哲学社会科学领域的研究与应用 …… 045

第一节　共生的一般理论概述 …… 046
第二节　共生理论在哲学社会科学领域的研究与应用 … 051

第四章　引入共生理论，探索社会科学专业图书馆建设发展新路径 …… 061

第一节　共生理论在图书馆事业发展中具有良好的应用前景 …… 062
第二节　我国社会科学专业图书馆的共生发展之路 … 066

第五章　图书馆事业互惠共生系统的构建 …… 079

第一节　图书馆着力于特色化资源建设以培育高品质共生单元 …… 079
第二节　图书馆事业共生系统不同共生模式的分析比较 …… 086
第三节　建构图书馆事业共生系统所必需的环境保障 … 092

第六章　社会科学专业图书馆与社会科学研究事业互惠共生系统的构建 …… 097

第一节　图书馆着力于读者价值的增加以培育高品质共生单元 …… 099

第二节 图书馆践行"学科化"服务,建构与科研互惠共生模式 …………………………………………… 109

第三节 加强制度建设以改善共生环境 ………… 123

第七章 社会科学专业图书馆与馆员互惠共生关系的构建 ………………………………………………… 128

第一节 图书馆需大力做好"人"的工作,以培育高品质共生单元 ……………………………………… 130

第二节 图书馆实施"人本管理",建构与馆员互惠共生模式 …………………………………………… 138

第三节 完善"人本管理"制度建设,打造正向共生环境 …………………………………………………… 147

研究结论 ………………………………………………… 152

附 录 …………………………………………………… 159

共生理论与社会科学图书情报服务创新 ………… 159

省域社科文献信息资源建设探析
——基于安徽省社科文献信息资源建设与分布状况的调查与分析 …………………………………… 163

社会科学专业图书馆参与建构的图书馆事业共生系统
——CASHL 与中国社会科学院图书馆的合作 … 177

参考文献 ………………………………………………… 182

后 记 …………………………………………………… 193

绪 论

第一节 当前正值繁荣发展哲学社会科学的重大机遇期

哲学社会科学是人们认识世界、改造世界的"重要工具"。哲学社会科学的研究能力和研究成果是一个国家综合国力的重要组成部分,是国家文化软实力的核心。繁荣发展哲学社会科学、提升哲学社会科学的发展水平,体现着国家和民族的思维能力、精神状态和文明素质的发展与进步。正如江泽民同志所说:"加强哲学社会科学,对党和人民事业的发展极为重要,一个民族要兴旺发达,要屹立于世界民族之林,不能没有创新理论思维,这是人类文明发展史给人们的一个重要启示。"①

新世纪以来,党和国家对哲学社会科学的发展给予了前所未有的高度重视,就繁荣发展哲学社会科学做出了一系列重大部署。2002年,江泽民总书记考察中国社会科学院并发表重

---

① 《人民日报》(海外版),2001年8月8日第1版。

要讲话,强调:"大力加强我国哲学社会科学建设,为有中国特色社会主义事业服务。"他指出:"建设有中国特色社会主义,需要在实践和理论上不懈进行探索,不断在实践的基础上提出创新的理论,用发展着的理论指导实践。在这个实践和理论的双重探索中,哲学社会科学具有不可替代的重要作用,哲学社会科学工作者是一支不可替代的重要力量。我们必须始终重视哲学社会科学,加快发展哲学社会科学。"2004年1月,中央颁布《中共中央关于进一步繁荣发展哲学社会科学的意见》,全面深刻地阐明了繁荣发展哲学社会科学的重大意义,明确了新时期繁荣发展哲学社会科学的指导方针、总体目标和主要任务。指出:"在改革开放和社会主义现代化建设进程中,哲学社会科学与自然科学同样重要,培养高水平的哲学社会科学家与培养高水平的自然科学家同样重要,提高全民族的哲学社会科学素质与提高全民族的自然科学素质同样重要,任用好哲学社会科学人才并充分发挥他们的作用与任用好自然科学人才并充分发挥他们的作用同样重要。因此,一定要从党和国家事业发展的全局高度,增强责任感和使命感,把繁荣发展哲学社会科学作为一项重大而紧迫的战略任务,切实抓紧抓好,努力推动我国哲学社会科学事业有一个新的更大发展。""四个同样重要"和"两个不可替代"科学论断的提出,从全面推进建设有中国特色社会主义伟大事业和完成党在新世纪的庄严使命的高度,深刻阐述了哲学社会科学的重要性。强调了哲学社会科学同自然科学一样在改革开放、现代化建设中发挥着重要作用。2005年5月19日,中央政治局常委听取社会科学院工作汇报,胡锦涛总书记发表了《关于进一步办好中国社会科学院》的讲话。根据政治局常委会的精神,中国社会科学院确立了"建设中国社会科学院哲学社会科学创新体系"的建设方案。2006年颁布的《国家哲学社会科学研究"十一五"规划》提出:"哲学社会科学要瞄准学术发展前沿,跟踪学术研究动态,既立足当代又继承民族优秀传统文化,既立足本国又充分吸取世界优秀文化成果,使哲学社会科学研究始终面向现代化、面向世界、面向未来,具有鲜明的中国特色"。"创新是哲学社会科学繁荣发展的必由之路和不竭动力。哲学社会科学创新体系建设是建设创新型国家的重要组成部分。要建立健全人才管理体制,努力形成一批高水平的、资源共享的研究基地和创新平台"。2007年,党的十七大对繁荣发展哲学社会科学做出战略部署,明确提出:"繁荣发展哲学社会科学,推进学科体系、学术观点、科研方法创新,鼓励哲学社会科学界为党和人民事业发挥思想库作用,推进我国优秀哲学社会科学成果和优秀人才走向世界。"十七届六中全会又把繁荣发展哲学社会科学作为推动社会主义文化大发展、大繁荣、建设社会主义文化强国的一项重要内容做出新的部署,提出:"大力推进哲学社会科学创新体系建设,实施哲学社会科学创新工程,繁荣发展哲学社会科学。"2011年,《国家哲学社会科学研究"十二五"规划》在论述"十二五"时期哲学社会科学研究所面临的主要形势和重要任务时强调指出:"哲学社会科学研究发展迈入立足创新、提升质量的新阶段,迫切需要不断拓展研究领域、丰富研究内容、改进研究方法,努力提高创新能力、科研质量和学术水平。"2012年11月,党的十八大胜利召开,会议提出的全面建成小康社会目标、五位一体总布局、生态文明建设、国防外交、祖国统一、党的建设等等一系列重大理论和实践问题,都有待于哲学社会科学深入研究和回答,为哲学社会科学发挥作用提供了更加广阔的空间。

繁荣发展哲学社会科学事关党和国家事业发展的大局,中国特色社会主义离不开哲学社会科学研究的深化和拓展,哲学社会科学研究事业的进步,对于推动经济社会发展、弘扬民族精神和传承民族优秀文化都具有重大作用。改革开放30多年,我们国家的社会发展、经济建设取得了令世界瞩目的巨大成就,哲学社会科学功不可没。近年来,我国社会科学研究机构按照中央制定的发展方向,遵循哲学社会科学的发展规律,结合经济社会发展实际,实施哲学社会科学创新工程,进行了管理体制改革、科研体制创新的积极探索和实践,哲学社会科学研究在服务经济建设、社会发展、文化繁荣等各个方面发挥着更加重要的作用,也创造了更为突出的业绩,稳步推进了我国哲学社会科学的繁荣。

第二节 图书馆在繁荣发展哲学社会科学中的地位与作用

哲学社会科学研究不同于自然科学研究,后者主要依靠观察分析和实验,而哲学社会科学研究不是纯思辨性的推理活动,而是一项具有探索性、创造性、继承性、持续性的活动。它必须以客观材料为依据,在概括和总结各种反映社会现象的经验材料的基础上形成科学的理论。从事哲学社会科学研究不仅需要大量翔实可靠的第一手资料,还要引经据典,进行理论分析和论证,在社会科学问题研究过程中,除了必要的社会调研,读书、写作便是其最主要的途径。据相关调查统计,一个科学家为研究一个科学项目,其收集整理资料的时间通常占到全部研究过程的 2/3 左右。还有资料显示,重点学科研究人员在进行科学研究过程中至少要花 40%～60% 的时间去获取信息。[①] 显然,高质量的科学研究离不开文献信息资料的保障。而相对于自然科学研究,哲学社会科学研究对文献信息的依赖性往往更强。对于某些学科而言,甚至可以说谁拥有了更为丰富的信息资料,谁就据有了研究的优势。

繁荣发展哲学社会科学,需要大力推进哲学社会科学研

---

① 钱智勇:《学科馆员与重点学科创新服务模式研究》,载《情报理论与实践》,2004 年第 5 期,第 514~517 页。

究,而要把哲学社会科学研究工作搞上去,图书馆工作则更要走在前边。早在上世纪50年代,我们党号召"向科学进军"的时候,周恩来同志就曾明确指出:"为了实现向科学进军的计划,我们必须为发展科学研究准备一切必要的条件。在这里,具有首要意义的是要使科学家得到必要的图书、档案资料、技术资料和其他工作条件。必须增加各个研究机关和高等学校的图书费并加以合理的使用,加强图书馆、档案馆、博物馆的工作。"① 周恩来同志这里所说的"科学研究",当然也包括哲学社会科学研究在内。

图书馆工作要走在社会科学研究工作的前面,单就图书馆所藏文献信息资料而言,它在社会科学研究中至少有以下三个方面的作用:第一,指导作用。当前,党中央、国务院对中国社会科学院明确了三个定位,其中首要一条即为"马克思主义的坚强阵地"。明确要求我们的社会科学研究要有阵地意识,要坚持马克思主义,做到守土有责。而在图书馆所藏社会科学文献信息资料中,排在首位的就是马克思主义、列宁主义、毛泽东思想、邓小平理论的经典著作,这些是我们进行社会科学研究的指导思想。第二,借鉴作用。在社会科学研究工作中,需要阅读大量文献信息资料,以准确把握国内外的研究动向和既有研究水平,通过对别人研究成果的比较鉴别,做出分析判断,确定自己的研究方向和研究重点,以便在新的起点上攀登新的高峰。如果没有了这个借鉴的过程,一味闭门造车,科研工作就不可避免地会走弯路,欲速则不达。第三,基础作用。图书馆藏有丰富的文献信息资料,其中许多资料本身就可以充当社会科学研究的对象和基础。例如,我们从事政治史、哲学史方面的研究,这些学科领域重要人物传记以及他们的经典著作就是研究的对象和第一手资料。

---

① 周恩来:《关于知识分子问题的报告》,载《建国以来重要文献选编》(第八册),北京:中央文献出版社,1994年,第41页。

世界上许多科学理论的成熟，都是要经过几代甚至更长时间的努力与奋斗才可以成功，圣贤已逝，他们留给后代最珍贵的遗产就是记录着他们科学成就的文献信息资料。牛顿说："我之所以看得比别人远些，是因为我站在巨人们的肩膀上。"达尔文在其《物种起源》第五章《变异的法则》中的"适应性变异"一节中写道："物种对于任何特殊气候的驯化，是单纯由于习性，或是具有不同内在体制的变种的自然选择，还是上述二者的结合？这是一个很难回答的问题。古代中国的百科全书就提出忠告：把动物从一地运到另一地时，必须十分小心。这使我们必须相信习性是有一定影响的。"[①]可见，利用图书文献信息资源为科研工作服务，古来有之。虽然社会科学研究强调面向实际，强调从调查研究中获取真知。"但人不能事事直接经验，事实上多数的知识都是间接经验的东西"，"而且在我为间接经验者，在人则为直接经验"，[②]只要这些间接经验科学地反映了客观事物，就是可靠的，就能为我所用。实践中，伟大的革命先行者、马克思主义经典作家们都十分重视对图书馆的利用。马克思、列宁、毛泽东等人都与图书馆有着特殊的渊源。马克思在许多年里都是大英博物馆图书馆的常客，他的《资本论》基本上是在图书馆中完成的。为了写作《资本论》英国工厂法的仅仅20多页文章，马克思就阅读和研究了图书馆所有载有英国与苏格兰调查委员会和工厂视察员报告的蓝皮书。列宁更是一位高度重视图书馆工作并形成独到见解的人。在苏维埃政权建立之初，他即对图书馆的图书资料工作做了极为重要的具体指示，在其一系列讲话、书信和文件中提出了一整套有关图书馆发展和建设的原则。他把图书馆事业看成是无产

---

① 达尔文：《物种起源》，李贤标、高慧编译，北京：北京出版社，2012年，第63页。
② 毛泽东：《实践论》，载《毛泽东选集》（第一卷），北京：人民出版社，1991年，第288页。

阶级革命事业的一部分,充分肯定了图书馆在社会发展中的重要作用。也是为了方便阅读古今中外各种书籍,青年时代的毛泽东同志曾在北京大学图书馆担任图书管理员。

"图书馆是为科学研究搜集、整理、提供文献信息资料的社会机构,图书馆活动是整个科学研究活动的不可分割的组成部分。因此,从整体上看,图书馆所从事的工作正是科学研究工作的前期劳动。实际上,科学研究工作离开了图书馆是无法进行下去的"。① 诸多的科学先辈和伟大的革命导师也已用实际行动告诉我们,进行科学研究,尤其是进行社会科学研究,必须重视文献信息资料工作,要把图书馆工作摆在先行于科研工作的重要位置上。当前的哲学社会科学创新工程是一项内涵丰富,需要多方条件支持与保障的庞大系统工程,哲学社会科学创新工程的有序推进是以哲学社会科学研究新思想的产生为起点,以其创新成果的应用转化为终点的过程。在这个过程中,不仅需要哲学社会科学研究机构和科研人员所从事的理论研究和知识生产,始终贯穿其中的还有为哲学社会科学创新活动提供文献信息资源保障的社科信息服务机制。从创新思想的产生、创新理论的形成以及形成过程当中的技术支持,到创新成果的社会传播与推广,从研究内容、研究领域的丰富与拓展,到先进研究方法的了解、掌握与应用,都离不开图书馆工作的有力支撑。可以确定,随着哲学社会科学不断走向更大的繁荣,图书馆的作用与地位将更加凸显,繁荣发展哲学社会科学,图书馆工作必须走在前边。

---

① 吴慰慈,董焱:《图书馆学概论》(修订本),北京:北京图书馆出版社,2002年,第75页。

第三节　开展社会科学专业图书馆建设与发展问题研究的重要意义

工欲善其事,必先利其器。在哲学社会科学事业繁荣发展的大好形势之下,我国的社会科学专业图书馆的发展进步之快也是前所未有的。图书馆的思想观念、基础设施、工作手段、服务内容、管理方式、队伍结构都发生了巨大变化。特别是随着我国经济社会的发展,政府财政给予图书馆的投入在增加,图书馆数字化、网络化建设不断达到新的水平。目前,除了继续重视传统纸质文献信息资源的收藏,绝大多数的社会科学专业图书馆都购置了深受哲学社会科学研究人员欢迎的文献信息数据库,如中国期刊网专题全文数据库、维普中文期刊全文数据库、国研网、超星数字图书馆和读秀中文学术搜索,等等。还有为数不少的图书馆根据自身的馆藏特点和服务需求,自主开发和建设了馆藏特色资源数据库,为其所服务的专业用户,特别是一些重点学科和优势学科,提供更为全面而系统的、经过有序化和深加工的文献信息资料。例如,中国社科院图书馆系统建设开发的《社会学文献数据库》、《金融统计数据库》、《中国民族研究文献数据库》等十多个特色数据库,放在图书馆网站上,方便读者使用。

日益丰富的文献信息资源为社会科学专业图书馆服务水平的提升奠定了良好的物质基础。然而,自20世纪中叶以来,基于互联网的高速发展,日新月异的信息技术和信息网络改变了信息生产、组织、存储、传递、利用的传统格局,改变了人们获取信息的传统方式和阅读习惯。技术与网络的颠覆性影响,从根本上改变了传统图书馆赖以生存的信息环境,图书馆事业受到的冲击之巨大是众所周知的。加之我国的社会科学文献信息服务工作起步较晚,到20世纪70年代后期才初具规模,以社科院系统图书馆为例,这类社会科学专业图书馆是在上世纪80年代,随着全国各省、市、自治区先后成立了社会科学院才逐步建立起来的。由于历史短暂,资金、资源及专业人才都相对有限,条件与服务平台也较为落后。一段时期以来,我国的社会科学专业图书馆建设步伐逐渐落后于科研发展的强劲势头,图书馆在为科研服务的过程中常常感觉力不从心。由于服务不到位,读者也在流失,社会科学专业图书馆在整个图书馆事业中的影响力、对科研的保障与促进作用不进则退,"边缘化"的趋势日渐明显。如果我们不能抓紧处理好这些问题,社会科学专业图书馆将越来越远离读者,最终甚至会逐渐走向消亡,失去其存在的意义。

既有研究指出图书馆的进步与发展与下述因素密切相关:(1)推进图书馆事业发展的基本动力是经济;(2)科学技术的进步是图书馆发展的催化剂;(3)活跃的学术空气是图书馆事业发展的重要条件之一;(4)领导人的重视是图书馆发展的重要外因之一。[①] 当前,繁荣发展的哲学社会科学、不断进步的经济社会、日新月异的现代信息技术等等为我国社会科学专业图书馆建设发展带来了前所未有的发展机遇。但是,机遇与挑战并存,有为才能有位,面对巨变,图书馆界已普遍感受到了危机与压力的存在,几乎每一所图书馆都在思考新时期的发展出路在哪里。人们已经意识到,新的环境、新的发展需求也必然给予文献信息工作带来全新的挑战与重大变革,改革与创新成为当代图书馆无可回避的现实课题。以思想解放为先导,探索科学的理论指导当前的实践,找到新时期社会科学专业图书馆实现可持续发展的有效路径,成为当代社会科学信息工作者的历史使命。因此,大力开展哲学社会科学专业图书馆建设与发展问题研究具有十分重要的现实意义。

---

① 徐引篪,霍国庆:《现代图书馆学理论》,北京:北京图书馆出版社,1999年,第178页。

第一章
我国社会科学专业图书馆概述

专业图书馆是依靠一些专门人才与其所掌握的专业知识，用科学的方法搜集、整理、保存、提供信息资料的机构，属于专门图书馆的范畴。[1] 在我国，专业图书馆系统与公共图书馆系统、高校图书馆系统共称为国家图书馆事业的"三大主要体系"，是图书馆事业的中坚力量。我国专业图书馆系统的体系与脉络包括社会科学专业图书馆与自然科学专业图书馆两大部分。在三大图书馆系统当中，专业图书馆系统的图书馆数量最多、种类最为复杂。它们广泛分布于政府机关以及各行各业科研和事业单位中，分别从各自的专业角度承担着不同的服务职责，在科学研究、经济建设和行业发展等方面发挥着重要作用。

---

[1] 吴慰慈、董焱：《图书馆学概论》（修订本），北京：北京图书馆出版社，2002年，第114页。

第一节　我国社会科学专业图书馆产生、发展与系统构成

"专门图书馆主要有三个方面的特征：首先，它们的信息资源体系局限于一个'专门化的主题领域'；其次，它们收集信息资源和设计服务项目以支持和促进'母机构'的目标，而不像学校和大学图书馆那样是为了支持课程计划；最后，它们关注的焦点是为满足母机构的用户需求积极地寻找和提供信息，而不仅仅是获取信息并将这些信息存储起来。换言之，专门图书馆为它们的用户提供'专门的甚至是个别化的服务'。专门图书馆因此被定义为'以专门的形式为专门的用户提供专门化主题领域的专门服务的图书馆'"。① 我国的社会科学专业图书馆大多隶属于不同的社会科学研究单位，可以说，是从事社会科学文献信息服务的专门机构。它们立足本行业本部门，面向相关领域和行业，提供基于学科领域和业务领域的学术与专业信息资源保障和学科化信息服务以及战略情报研究服务，并以专业化、知识化服务为目标，开展专业学术研究和人才培养，在服务哲学社会科学研究、党和政府决策以及经济社会发展方面发挥着"耳目"、"尖兵"和"参谋"的作用。

一、我国社会科学专业图书馆历史渊源与发展历程

20世纪初，在我国最早建立的一批公共图书馆和大学图书馆中，陆续开展了哲学社会科学书籍阅览服务、书目索引服务和参考咨询服务。这是中国社会科学文献信息服务的萌芽，但那时的社会科学文献信息服务是零星的，没有系统的，尚未成为一种专门的事业与机构。新中国成立以后，我国图书馆事

---

① 徐引篪，霍国庆：《现代图书馆学理论》，北京：北京图书馆出版社，1999年，第236页。

业一度发展较快,但是由于中国社会科学内部迟迟没有形成对现代信息服务的真正需求,致使这些建立在图书馆基础上的社会科学文献信息服务仍然一直处于相对低下的状况。1975年,中国社会科学院情报研究所成立,标志着现代意义的社会科学图书情报事业在中国出现,在中国社会科学信息服务事业发展历史中具有十分重要的地位与意义。正是在中国社会科学院情报所成立的示范作用推动下,各地社科院陆续成立了情报所。然而,由于当时对社会科学文献信息服务的总需求仍然不足,致使不少情报机构几乎自产生之日起即面临生存与发展问题,特别是一些依附于某一科研机构的信息情报机构还可能遇到该局部的情报需求不足的情况,加之缺乏科学理论的指导,分布在全国各地的各个社科情报机构各行其是,没有形成必要的协调,所以,情报研究所的出现还很难说是社会科学内部分工的自然产物。这一时期,我国社会科学文献信息服务事业的发展速度仍然是较为平缓的。20 世纪 80 年代以后,随着国家改革开放步伐加快,哲学社会科学事业逐步走向繁荣,对社会科学文献信息服务的需求量出现了大幅度增长,国家及各地方社会科学研究机构纷纷成立情报信息中心(后经几度变更名称,目前称"图书馆"),专业化的社会科学信息服务终于迎来了自己事业发展的春天。1986 年 12 月,以中国社会科学院情报所为核心,包括高校和其他社会科学图书情报系统的中国社会科学情报学会成立,从而为我国社会科学图书情报事业发展建立了大本营,中国社会科学图书情报事业从此由零星的社科情报活动向国家规模的社科图书情报开发过渡。这是社会科学图书情报工作开始走向成熟的里程碑,社会科学专业图书馆从此步入有序化发展轨道。进入 21 世纪,欣欣向荣的哲学社会科学对图书馆专业化的信息服务提出了新的更高要求,社会科学文献信息服务理论研究和业务建设均呈现出突飞猛进的发展态势,并随着国家及地方经济社会的发展,各级政府对社会科学事业的扶持力度也明显加大,社会科学专业图书馆的基础设施大幅改善,服务能力普遍增强,信息资源环境优化,人员素质提高,工作面貌和服务效能得以整体推进。

二、我国社会科学专业图书馆系统的构成

总体上,我国的社会科学专业图书馆系统是由社会科学院图书馆系统、高校社会科学图书馆系统、党校图书馆系统、军事院校社会科学图书馆系统、新闻单位的社会科学图书馆系统等五大系统组成。"五大系统"是推进我国社会科学专业图书馆整体进步与发展的中坚力量,它们的主体部分是由中国社科院图书馆系统和全国各地方社科院图书馆共同构成的社会科学院图书馆系统,中国社会科学院图书馆更是承担着"领头羊"的重要责任。

中国社会科学情报学会的秘书处设立于中国社科院图书馆,中国社科院图书馆通过学会与"五大系统"保持着密切的合作与交流。中国社科院图书馆系统是全国最大的社会科学专业图书馆,它专业性强,馆藏门类齐全,覆盖了人文社会科学的所有学科,涉及中外文语种40多个,至2009年,藏书已达590万册。[①] 地方社科院图书馆在全国共有40多家,分别隶属于全国30个省、自治区、市社科院和14个中心城市社科院,它们作为隶属于各地最重要社会科学研究机构的社会科学专业化信息服务机构,在我国哲学社会科学事业的进步与发展中发挥着举足轻重的作用。

本书是针对社会科学专业图书馆建设与发展问题所作的专门研究,基于社科院系统图书馆在我国社会科学图书馆事业中的重要地位和重要影响,尤其地方社科院图书馆分布于全国各地,它们的状况能够较为全面地反映出我国社会科学专业图

---

① 张晓林:《中国专业图书馆发展报告(2010)》,北京:科学出版社,2011年,第140页。

书馆的建设发展实际。因此,在研究过程中,笔者拟选取地方社科院图书馆为研究样本,对相关问题进行深入剖析和探究,研究成果或更具参考意义和借鉴价值。

第二节 我国社会科学专业图书馆的作用与任务

一、我国社会科学专业图书馆的作用

我国的社会科学专业图书馆自成立以来,一直紧紧围绕本系统、本单位社会科学研究的任务与作用展开文献信息资源的搜集、整理、提供读者利用等工作,已形成一套特有的服务方式和服务手段。在服务科研、服务党政领导决策、服务经济社会发展等方面都发挥着重要作用。以地方社科院图书馆为例,作为社科院的信息服务部门,为其母体机构的用户需求,即为本院科研提供信息服务与信息保障当然成为其职责之首。其次,社科院系统是国家和各地方最重要的决策咨询机构之一,担负着为党政领导提供决策咨询的智囊角色。因此,为党和政府提供决策信息服务也必然成为社会科学专业图书馆主要服务方向之一。此外,随着国家经济社会不断发展,企业竞争日益加剧,现代企业除了要保证产品的高质量,还需熟悉和掌握国家的政策法律、文化环境、市场特点,以从根本上提高产品的市场竞争力,推动企业的发展壮大。社会科学专业图书馆在人文社会科学领域丰富的信息存储决定了它在服务企业发展中也具有得天独厚的资源优势,加之图书馆本身即是为经济社会发展提供理论支持的社会科学研究机构的重要组成部分,为经济建设、企业发展服务同样成为社会科学专业图书馆重要的服务方向之一。总之,服务科研、服务领导决策以及为企业竞争服务是我国社会科学专业图书馆所具有的三大作用,搞好这三个方

面的服务,构成了社会科学专业图书馆作用发挥的"三要素"。

1. 为社会科学研究服务

科学研究工作是探索物质世界的本原,创造新知识的过程。无论是自然科学研究,还是社会科学研究,都离不开对已有知识的学习与借鉴,离不开文献信息资源的支持与保障。文献信息机构的辅助作用必不可少。特别是由于研究特点的不同,相对于自然科学研究来说,社会科学研究对文献信息资源的依赖性更加突出。

社会科学研究对图书馆信息服务的需求全面而系统,包括一次文献,如专著、报刊论文等;二次文献,如专题目录、索引等;三次文献,如综述、专题报告等。经过多年的发展,我国社会科学专业图书馆在这些方面已积累了独特的优势,凭借其丰富而专业的信息资源收藏和服务经验为社会科学研究提供对口信息服务保障。

2. 为党政领导决策服务

向社会主义新型智库转型是我国社会科学研究机构创新发展的主攻方向。当前,为党政领导决策服务是我国社会科学研究部门,尤其是地方社会科学研究机构的核心任务之一。社会科学文献信息工作是社会科学研究的基础,是其学术研究、理论创新和知识传播的主要载体。社会科学专业图书馆的工作也因此成为沟通理论研究与党政领导决策的桥梁与纽带。一方面,理论研究依赖于文献信息基础资料的收集和积累,这是形成新的研究成果的基础步骤;另一方面,由于领导公务繁忙,不可能有足够的时间和条件全面掌握各类研究成果和决策咨询建议,如果社科院所属的社会科学专业图书馆能够根据领导决策关注的重点问题,对相关研究成果进行集中筛选、提炼、加工和转化,并就此开展有针对性的服务,将对社科院的理论研究成果和决策建议能够更快地进入领导决策参考的视野产生有力助推。可以说,有了图书馆专业化的信息服务这一中介环节,社科理论研究为领导决策服务的效率便可能大幅度提升。在当前全国社会科学院系统向新型智库转型的过程中,应充分发挥社会科学专业图书馆的桥梁与纽带作用,大力开发社会科学专业图书馆的决策信息服务能力。

3. 为企业竞争服务

在人们的习惯思维中,企业竞争对图书馆服务的依赖主要是科技信息和经济信息,诸如市场价格、技术革新、原材料供应等有关生产和销售方面的信息,而社会科学情报信息则无关紧要,甚至许多企业家对社会科学信息服务工作在企业竞争中的作用也缺乏了解。事实上,在当前市场经济条件下,企业始终处于不进则退的激烈竞争之中,能不能超越对手,跃上新的台阶,关键还看企业的管理是否适应现代企业发展和市场竞争的需要。这就使得管理创新成为保证企业持续发展,不断在竞争中取胜的永恒主题。管理创新包括管理理念、管理方式、管理组织、企业文化等企业管理的一系列环节的有机整合,这些都属于社会科学知识范畴,而要将社会科学知识运用到企业的管理创新中去,则需要依靠社会科学专业图书馆这一中介媒体进行去伪存真、去粗取精的信息分析研究等服务性工作。实践中,社会科学专业图书馆为企业竞争服务的主要方式有:收集文献情报信息;提供市场分析报告;组织专业咨询论证;分析经济政策走向;拓宽企业信息反馈渠道。[①]

二、我国社会科学专业图书馆的主要任务

2004 年,中共中央《关于进一步繁荣发展哲学社会科学的意见》既充分肯定哲学社会科学在现代化建设中的重要作用,也对地方社会科学研究机构的研究方向给予了科学定位,要求"地方社会科学研究机构应主要围绕本地区经济社会发展的实

---

① 刘纪兴:《社会科学图书情报工作特殊性研究》,武汉:武汉大学出版社,2000 年,第 109~110 页。

际开展应用对策研究,有条件的可开展有地方特色和区域优势的基础理论研究"。地方社科院图书馆作为社科院内设的科研辅助部门,从成立之日起,为社科院的科研服务就成为地方社科院图书馆的既定职责。图书馆必须始终围绕社科院的中心任务明确自己的工作重心,确定自己的主要任务。具体来说,地方社科院图书馆所承担的主要工作任务有:

(一)根据本单位的主要任务和科研方向,系统、完整地收集、整理和保存国内外文献信息资料,形成有特色的社科文献信息资源体系,成为地方社会科学文献信息中心。

(二)积极开展信息调研与分析,摸清各研究课题的国内外发展水平和趋势,向用户提供有价值的分析报告和信息资料。

(三)搜集、开发、整合信息资源,为用户提供专业化、学科化、知识化的信息服务与信息产品。

(四)加强交流与合作,实现社科信息资源的共建共享。

(五)开展用户培训工作,培养读者的信息素养,帮助读者提高信息获取能力。

(六)组织工作人员开展专业化文献信息理论、方法和现代化服务手段的研究与推广。

(七)负责本院网站、局域网的建设与管理,承担本院计算机及相关设备、设施的日常维护与维修,保障正常使用。

第三节 我国社会科学专业图书馆实施 "图书情报一体化"管理的特点

在近代科学技术发展过程中,科技情报工作逐渐脱离了图书馆工作的母体,形成了具有自身特点的独立专业体系。日本学者丸山昭二郎对此曾作过形象解释:"在当初,图书馆这个'细胞'发生了分裂,从其中分裂出被叫做文献工作,又被叫做情报科学或情报学的另一个细胞而成长着,两者曾经相互对抗,不久却又渐渐融合起来……"①从历史上看,科技情报工作派生于图书馆工作,是科学研究群体形成之后的衍生物,它与图书馆工作具有共源性。而最近几十年来,随着现代科学技术的发展,文献量剧增,又促进了图书馆工作与情报工作的相互渗透与交叉,出现了"图书情报一体化"管理趋势。因此,学界关于情报学与图书馆学、情报工作与图书馆工作的关系也有"剪不断,理还乱"的说法。

所谓"图书情报一体化"管理趋势,就是图书资料与科技情报工作相互交叉、相互渗透的综合化趋势已经成为当今图书情报事业发展的主流趋势。在我国,关于图书情报一体化管理体制问题的研究开始于1978年,图书馆界与科技情报界首先就图书馆工作与情报工作之间的区别与联系展开了大讨论。

一、社会科学图书馆工作与情报工作的区别与联系

1. 社会科学图书馆工作与情报工作的区别

社会科学图书馆所从事的图书资料工作,一般是指图书馆对社会科学文献的搜集与初步整理,为有序存储和方便流通阅览服务。其功能主要在于文献本身的积累和利用,而不着重于文献内容的研究与开发。② 传统图书资料工作的具体内容包括文献资源建设、分类编目、目录组织、检索服务、流通阅览、馆藏资源整理与维护等等。在现代信息技术与网络环境下,图书馆的图书资料工作已经从对传统纸质文献的搜集整理扩展到各种载体形态的文献信息资源。

社会科学情报工作是对凝结在文献中的有用知识的转化加工,是在图书资料工作的基础上,进行定向信息服务和较高

---

① 徐引篪,霍国庆:《现代图书馆学理论》,北京:北京图书馆出版社,1999年,第31页。
② 易克信,赵国琦:《社会科学情报学理论与方法》,北京:社会科学文献出版社,1992年,第142页。

层次的信息综合加工,以激活图书资料中的有用知识,从而为社会科学理论和应用课题研究、为党政职能部门及领导决策提供有针对性的情报产品,以及为社会公众提供科普性的社会科学知识信息服务。社会科学情报工作的具体内容包括二、三次文献加工,专题综述,预测分析,决策建议,情报刊物编辑等等。科学、准确、客观、系统、选择、针对、及时是对情报工作的基本要求,而这些要求在社会科学情报工作中都有其独特的体现形式和质的规定性。①

2. 社会科学图书馆工作与情报工作的共性特征

如前所述,科技情报工作派生于图书馆工作,图书资料工作是情报工作的基础,社会科学情报工作的内容更多地体现在对图书资料(原生文献)的转换加工上。社会科学文献的老化率低于自然科学,或者说社会科学文献的寿命长于自然科学文献,一部《资本论》已经被人们研究了100余年,而现在和将来还将继续研究下去。就当下来说,图书和期刊仍然是社会科学情报的主要来源,这就使得社会科学情报工作和图书馆工作所面临的加工对象基本上是相同的。同时,没有原生文献也就不会有反映原生文献的派生文献,而反之,如果没有加工制作,图书资料中的有用知识就不可能激活,信息资源就难以得到充分开发和吸收利用。这里体现了传统理念下的社会科学图书馆工作与社会科学情报工作相互依存的关系。虽然随着科学与技术的发展,社会科学情报工作已逐渐形成自己的特点,但是情报工作与图书馆所从事的文献资料工作之间的内在联系和共性仍然是十分明显的。

第一,两者的本质属性,即"中介性"是一致的。吴慰慈认为:"中介性是图书馆的本质属性。正是由于这个本质属性的存在,才派生出图书馆的社会性、依辅性以及学术性等其他属

---

① 易克信,赵国琦:《社会科学情报学理论与方法》,北京:社会科学文献出版社,1992年,第125页。

性。中介性对图书馆的存在起了决定性的作用"。①

社会科学情报工作是对纷繁复杂的社会科学研究成果和观点进行搜集、加工,在综合分析之后,再传播出去。其属性包括"社会性"、"综合性"、"科学性"、"知识性"、"中介性"等等。但是,只要我们认真分析社会科学情报和社会科学情报工作的特征以及运行机制和规律,就会发现,在社会科学情报形成和传播过程中,社会科学情报工作的科学性、社会性、综合性等属性均寓于其中介性之中。中介性是其他各种属性的基础,失去了中介性,其他各种属性便难以体现,社会科学情报工作也就失去了其存在的意义和价值。所以说"中介性"也是社会科学情报工作的本质属性。

第二,两者在微观运行机制上存在许多相同或相似之处。

(1)图书馆工作和情报工作所利用的物质条件即文献资料是一致的。尤其社会科学情报工作,它对图书的情报需求明显高于自然科学,其正式的情报源主要是正式出版的图书期刊。

(2)两者所使用的技术方法相似。时至今日,图书馆的图书资料工作中的许多具体技术方法都已经延伸到情报工作当中。这不仅表现在传统技能和方法上两者基本相同,而且在现代科技方法的运用上,两者又有着惊人的一致性,如声像技术、电讯技术。

(3)两者的工作流程大体相同。从广义上说,图书资料工作与情报工作都承担着对知识信息流加以整序的任务,知识信息流的收集→整序→加工→存储→输出,这一流程公式既适用于社会科学图书资料工作,也适用于社会科学情报工作。

(4)两者的目的是相同的。社会科学图书资料工作和社会科学情报工作都是基于对已有科学知识成果的利用,帮助人们提高进一步探索未知领域的能力。

---

① 吴慰慈、董焱:《图书馆学概论》(修订本),北京:北京图书馆出版社,2002年,第77页。

二、社会科学专业图书馆实施"图书情报一体化"管理的特点

我国的社会科学专业图书馆分属于不同的系统，分布于全国各地，在规模上也有大中小之区别，但是从类型上考察，他们具有一些共同特点。如服务方式多样化、服务对象主要是本单位科研人员、馆藏文献具有学科专业性等等。特别是由于这类专业图书馆大多内设于不同的社会科学研究机构，要为本院科研及各级党委和政府决策提供信息资源保障，其业务活动必然包括社会科学图书资料工作和社会科学情报工作两部分，实施"图书情报一体化"管理是社会科学专业图书馆最显著的共性特点。

尽管图书馆的图书资料工作与科学技术情报工作在为科研服务的广度、深度、方式和手段等方面存在着差异，但它们在工作内容和工作方法上极为相似。而现实中的许多情报机构的情报开发主要就是依附于图书馆的文献信息资源体系。从这个意义上说，情报工作是传统图书馆工作的延伸，在一定的条件下，两者是完全可以实现统一的。1964年，美国匹兹堡大学在世界上首先将所属的图书馆学院更名为"图书馆与情报学院"。不久，日本学界接受了这种观念并使图书情报一体化成为日本图书馆学的主导思想。上世纪70年代中后期，我国图情理论界开始倡导实行"图书情报一体化"，认为实行"图书情报一体化"，有利于图书资料工作与情报工作的统一规划，相互协调，有利于开展用户服务工作。黄宗忠在其专著《文献信息学》中论述："50年代以来，由于科学技术的迅速发展，电子计算机技术、网络技术逐步应用于图书馆，资源共享成为人类追求的目标。在这种情况下，性质相似的图书情报档案，如果仍以纵向发展为主，不进行综合，就会阻碍自身的发展，难以有效

地为社会服务,甚至造成极大浪费。"①1978年,中国科学院在国内首先提出图书情报"一体化",给图书馆赋予文献情报中心的职能,并率先落实了"一体化"的实际步骤——成立"中国科学院文献情报中心";1981年,教育部下文要求全国各高等院校实行图书情报一体化;1985年,中国社会科学院党组做出决定,将院图书资料中心筹备组与情报所合并,成立文献情报中心,实行图书情报一体化,自那以来的近30年间,机构名称虽几度变更(1992年,更名为"文献信息中心";1994年,组建中国社科院图书馆),但"图书情报一体化"管理的运行机制始终没有改变。继中国社会科学院之后,各地方社科院先后实施"图书情报一体化",社科院系统各图书馆(信息中心)作为本院图书文献与情报中心,承担着为本院社会科学研究提供文献信息服务与情报服务的双重任务。从近几十年来的图书情报一体化服务实践来看,这样的模式使图书馆加强了文献开发力度并加快了自动化进程,使情报部门得到了信息资源体系的坚强后盾而得以全身心地投入到开发和用户服务活动中,从而实现了图书馆工作与情报工作的优势互补。

第四节 我国社会科学专业图书馆与公共图书馆、高等院校图书馆的主要区别

专业图书馆系统、公共图书馆系统和高等院校图书馆系统被并称为我国图书馆事业的"三大支柱系统"。这三大系统图书馆的馆藏文献较为丰富、技术力量较强,并承担着文献资料中心、服务中心、协调中心和研究中心的重要任务。由于不同类型图书馆的服务对象和具体任务不同,三大系统图书馆对书刊文献资料的搜集、整理、保管和传播的内容以及形式方法也

---

① 黄宗忠:《文献信息学》,北京:科学技术文献出版社,1992年,第8页。

各有差异。社会科学专业图书馆是我国专业图书馆系统的重要组成部分,以地方社科院图书馆为例,他们与公共图书馆、高校图书馆在主管部门、资金来源、管理模式、目标宗旨、功能定位等诸多方面有着明显的区别与差异。

一、单位性质、主管部门和资金来源的不同

我国的公共图书馆是国家公益性文化事业单位,由政府文化部门管理,主要由各级政府出资兴办。

高校图书馆是为学校教学和科研服务的学术性机构,图书馆所隶属的高校是其上级主管部门,高校及其图书馆的建设资金主要来源于中央和高校所在地各级政府拨款。

社科院图书馆是社科院的科研辅助部门,图书馆所隶属的社科院是其上级主管部门,社科院及其图书馆的经费来源主要是各级政府财政拨款。

二、目标宗旨、功能定位的不同

公共图书馆以一般社会民众为服务对象,以为居民提供知识和信息,促进当地社会、经济、科学、文化、教育事业的发展为宗旨。省、市公共图书馆是地方最大的图书文献信息中心,也是一个地区、一个城市主要的文化服务中心。

高校图书馆以其所属的高校师生为服务对象,以满足师生教学、科研及学习需求为宗旨,是学校教学与科研信息保障基地。

地方社科院图书馆以为本院科研及地方党委、政府决策提供文献信息服务与保障为宗旨,其服务对象主要是本院科研机构及科研人员,努力成为地方社会科学文献信息中心是其建设与发展宗旨。

三、馆藏资源建设方针的不同

公共图书馆馆藏资源丰富,门类齐全。能满足社会各方读

者的需求。地方公共图书馆的藏书具有综合性、地方性的特点,同本地区其他图书馆相比,通常它的规模最大,馆藏文献量最多,代表着一个地区图书馆事业的发展水平。

高校图书馆的藏书一般以本校所设专业和本校科研方向为依据,全面收集国内外具有较高质量水平的基本理论著作,并适当收藏相关学科、交叉学科、边缘学科的有关文献信息资料,以满足本校教研和学生用书的需要,藏书量丰富。

地方社科院图书馆基于自己的专业化服务范畴,其文献信息资源既不同于公共图书馆那样汇集大量适合大众读者群的综合性图书,也不同于高校图书馆那样,由于既要满足本校教研需要,又要适应不同层次的学生使用,从而形成"大而全"的藏书特点。地方社科院图书馆的文献信息资源建设的重点主要以人文社会科学类资料为主,特别是以本院重点研究学科为主,读者群较小,馆藏的学科范围较窄,但要努力形成专业性、学术性、系统性和连续性的馆藏特点。

四、人员素质的差异

随着我国经济社会的快速发展,近年来,各地都加大了对公共图书馆的投入,省、市级以上公共图书馆服务条件都得到大幅度改善,图书馆的服务质量显著提升。资金、资源状况的改善带动人员素质的提升,目前,省级公共图书馆工作人员的整体素质相对较高。

《普通高等学校图书馆规程》明确规定,图书馆的大专以上文化程度的专业技术人员应达到60%以上,自《规程》颁布的1987年开始,高校图书馆即着重于引进高学历人才。近年来,更是大量引进学有专长的硕士、博士,并鼓励工作人员进行专业研究,因此,在三大系统图书馆当中,高校图书馆服务队伍的整体素质最高。

地方社科院图书馆的性质和服务对象要求其工作人员必

须具有较高的综合素质和专业理论素养。但是受到体制、编制、经费、人员待遇等各方面条件的制约,地方社科院图书馆当前业务发展所急需的高学历、高素质专业人才难以引进。据相关调查显示:至 2007 年,"地方社科院图书馆副高级以上职称的人数比例占总人数的 20% 以下的有 7 个馆,其中有 1 个馆无 1 人(获得副高以上职称);20%~40% 的有 3 个馆;40%~50% 的有 8 个馆;50% 以上的只有 2 个馆"。① 显然,地方社科院图书馆服务队伍整体素质在三大系统图书馆中是偏低的。

五、服务方式、服务内容的差异

公共图书馆的服务要贴近社会、贴近百姓,要为各行各业的读者提供各类适用文献信息资源,还要为本地区的经济建设和科学研究提供文献资源和情报服务,省级公共图书馆通过流通阅览、馆际协作、书目参考、解答咨询等多种形式来满足读者的信息需求。近年来,还提倡公共图书馆应为百姓提供信息娱乐、智力开发等服务。

高校图书馆为了适应教学和科研的需要,应具备较为完善的服务功能。既要针对学生开展用户辅导、书刊借阅等传统的基础性服务,也有针对教研人员的高层次服务,包括深入科研一线的各种方式的学科专业化服务。

社科院图书馆的服务对象是具有专业学术背景的专家和学者,他们中的大多数人本身已具备一定的信息检索和获取能力,要求图书馆能提供更为专深的服务。实施"图书情报一体化"管理体制是社会科学专业图书馆显著的服务特征。目前,地方社科院图书馆的服务内容与读者的需求有差距,但是各馆都在积极努力拓展服务品种、提高服务档次,争取尽早开展学科服务、课题服务等新型服务内容。

---

① 查炜:《社会科学创新中的文献信息服务——社会科学个性化信息服务体系创新研究》,济南:山东人民出版社,2010 年,第 99 页。

第二章
我国社会科学专业图书馆建设发展理论研究与实践

地方社会科学院图书馆自成立以来,始终立足于社会科学专业图书馆的本职,从专业化文献信息保障需求出发,组织资源建设、开展用户服务,努力追求馆藏资源的专业性、系统性和完整性,服务内容不断深入,服务手段更为专业,工作管理不断向着科学化、专业化迈进,取得了令人瞩目的发展成就。但是,在当前信息技术迅速发展的时代大背景下,网络正在平静而快速地改变着世界,改变着人们的生活方式和工作方式。文献信息服务方式和知识载体的多元化趋势日益明显,知识的传播手段和传播渠道有了重大改变,表现出前所未有的多样性和复杂性。图书馆作为知识保存中心和传播中心的传统地位受到严重冲击,越来越多的读者开始绕开图书馆,自行到互联网上去寻找自己需要的各种信息和知识。网络环境下,图书馆受到前所未有的巨大冲击已是不争的事实。对于我国社会科学专业图书馆来说,更为困难的是,传统体制难以突破,图书馆独立经营、独自发展的态势始终没有得到有效改观,行业与系统的整体化效益迟迟得不到体现,经费的困扰又一直是许多图书馆挥之不去的痛楚,不少图书馆的馆藏资源,尤其是纸本藏量一直停滞不前。虽然许多学者在进行深度研究时还会带着希望来到图书馆,但图书馆却无力为用户提供满意服务,如此则更加剧了读者对图书馆的不信任感。毫无疑问,理论联系实际,深入开展社会科学专业图书馆建设发展问题研究已刻不容缓。

第一节 既有研究成果综述

笔者运用文献统计的方法,对新世纪以来(自2000年至2012年)"地方社科院图书馆建设发展问题",以发表于学术期刊为主的学术论文进行统计,据此了解社会科学专业图书馆建设与发展问题研究现状,以利于正确把握今后的研究方向与研究要点,并防止研究走弯路。在统计样本的选择上,本文采用CNKI系列数据库中的《中国期刊全文数据库》和《中国重要会议论文全文数据库》为数据来源,以篇名中含有关键词"社科院图书馆"、"地方社科院图书馆"和同时含有关键词"社会科学、图书馆"的论文进行检索,共检索到《新时期地方社科院图书馆现状与对策研究》(霍春英,2003)、《地方社科院图书馆服务危机的成因及应对策略》(孙慧,2012)等相关论文15篇,拟从社会科学专业图书馆建设与发展中存在的问题、社会科学专业图书馆建设与发展对策等两大方面综述研究现状。

一、存在问题综述

1. 发展理念落后

王建平(2001)等认为:"长期以来,地方社科院图书馆在图书馆界是名副其实的'小弟弟',不惟建馆历史短、馆藏规模小、图书经费少,而且在办馆观念方面远远落后于其他类型馆,由于主观和客观上的封闭,养成了不思进取的不良习惯,'等、靠、要'的结果造成了发展极度缓慢的局面。"①霍春英(2003)认为:"地方社科院图书馆属于财政全额拨款的行政性事业单位。长期以来在计划经济体制的影响下,形成自我封闭、各自为政,靠吃'皇粮'度日的状况,工作人员信息意识淡漠,观念比较落后。面对信息时代的挑战反应迟缓,缺乏紧迫感和使命感,缺乏开拓创新精神,严重阻碍了地方社科院图书馆事业的进一步发展。"②

2. 事业发展经费不足

郭孟秀(2000)研究者于1999年,利用全国社会科学院图书馆馆长会议对全国社科院系统的图书馆现状作问卷调查,通过对调查结果进行分析,他认为,社科院系统图书馆面临最大的困难是经费问题。③ 王建平(2001)认为,经费的短缺和人才的匮乏成了制约地方社科院图书馆健康发展的瓶颈。④ 霍春英(2003)认为,财政拨款是地方社科院图书馆的经费来源。随着书价的不断上涨,经费不足成为困扰地方社科院图书馆发展的主要问题。⑤ 卢刚(2004)认为,地方社科院图书馆有限的购书经费与众多的学科设置,使得图书馆无力应对书刊数量增长和价格的上涨,以及各种不断变化的需求,文献保障能力明显

---

① 王建平:《对地方社科院图书馆发展的思考》,载《江西社会科学》,2001年第11期,第138~139页。
② 霍春英:《新时期地方社科院图书馆现状与对策研究》,载《情报资料工作》,2003年第3期,第62~63、52页。
③ 郭孟秀:《社科院图书馆现状分析与发展模式探讨》,载《图书馆建设》,2000年第6期,第44~45页。
④ 王建平:《对地方社科院图书馆发展的思考》,载《江西社会科学》,2001年第11期,第138~139页。
⑤ 霍春英:《新时期地方社科院图书馆现状与对策研究》,载《情报资料工作》,2003年第3期,第62~63、52页。

不足,严重影响了学术研究工作的开展。① 刘芳(2005)认为,随着信息技术的发展、新型文献载体形式的出现、虚拟馆藏、数字图书馆的建设,导致地方社科院图书馆的资金缺口更大,严重制约了图书馆用户服务能力的发挥。② 申艳琴(2008)认为,由于资金短缺,大多数地方社科院图书馆采取压刊保书的措施,使得许多连续性的文献信息中断。新兴学科的文献也因受经费不足的制约而严重短缺。③ 孙慧(2012)认为,财力物力短缺导致地方社科院图书馆文献信息资源保障能力不足。④ 白云(2012)认为,目前,在许多欠发达地区,财政给予图书馆的经费仍然十分有限,尤其缺乏常态化的经费保障,一次性投入多,持续性投入少,每年的运行经费大幅波动,不利于图书馆统筹安排、持续发展。⑤

3. 高品质专业人才匮乏

霍学雷、黄强伟(2002)认为,社科院图书馆的人员素质总体看来参差不齐,普遍偏低,缺乏学术带头人。⑥ 卢刚(2004)认为,我国地方社科院图书馆工作人员,普遍存在着人员知识结构不合理,图书馆非专业人员占较大比例,适应信息服务需求的信息咨询、分析、网络服务等高素质人才还比较缺乏等问题,

---

① 卢刚:《网络环境下地方社科院图书馆发展建设问题》,载《求索》,2004年第6期,第108～109页。
② 刘芳:《论阮冈纳赞的图书馆学五定律对地方社科院图书馆工作的指导意义》,载《图书馆工作与研究》,2005年第2期,第82～84页。
③ 申艳琴:《地方社科院图书馆面临的挑战及其出路》,载《企业家天地》,2008年第4期,第150～151页。
④ 孙慧:《地方社科院图书馆服务危机的成因及应对策略》,载《情报探索》,2012年第6期,第120～122页。
⑤ 白云:《当前信息环境下地方社科院图书馆的发展障碍与对策》,载《情报资料工作》,2012年第2期,第98～101页。
⑥ 霍学雷,黄强伟:《社科院图书馆的现状及特色发展之路》,载《图书馆学研究》,2002年第12期,第14～15页。

严重地制约了社科院图书馆信息服务质量的提高。① 刘芳(2005)认为,地方社科院图书馆馆员的素质有待提高,同时,由于馆员自身的知识面有限,不可能覆盖各个学科,所以,不能保证在任何学科领域都能提供有效服务。② 孙慧(2012)认为,地方社科院图书馆馆员队伍的现状限制了图书馆服务水平的提高。其原因有二:一是馆员服务意识不强;二是馆员素质不高、数量不足、年龄偏大,又缺乏持续性的专业培训,导致馆员难以满足用户多样化的信息服务需求。③ 白云(2012)认为,图书馆走进新时代,急需专业型、研究型、复合型的创新人才。然而,由于地方社科院图书馆都还是沿用传统的人事管理制度,缺乏吸引人才和留住人才的方法和手段,加之"图书馆没有专业,图书馆员不是专业人员"这一错误理念干扰,图书馆始终没有形成科学而完善的馆员准入机制和培训机制,造成高水平专业人才匮乏,馆员素质提高缓慢。在近几年各地陆续进行的事业单位改制过程中,仍然有一些同志把图书馆当成躲避压力的避风港,服务科研的水平难以提高。④

4. 缺少现代化服务方式和服务手段

霍学雷、黄强伟(2002)认为,地方社科院图书馆传统的图书采购和加工手段难以满足读者需要。⑤ 霍春英(2003)认为,地方社科院图书馆服务工作远离市场经济的需要,服务方式单一,造成供需脱节,从而降低了图书馆在科研单位和社会上的

---

① 卢刚:《网络环境下地方社科院图书馆发展建设问题》,载《求索》,2004年第6期,第108~109页。
② 刘芳:《论阮冈纳赞的图书馆学五定律对地方社科院图书馆工作的指导意义》,载《图书馆工作与研究》,2005年第2期,第82~84页。
③ 孙慧:《地方社科院图书馆服务危机的成因及应对策略》,载《情报探索》,2012年第6期,第120~122页。
④ 白云:《当前信息环境下地方社科院图书馆的发展障碍与对策》,载《情报资料工作》,2012年第2期,第98~101页。
⑤ 霍学雷,黄强伟:《社科院图书馆的现状及特色发展之路》,载《图书馆学研究》,2002年第12期,第14~15页。

地位和信誉。① 刘芳(2005)认为,地方社科院图书馆基础差、底子薄,发展的步伐较为缓慢,图书馆仍然有大量工作要靠手工完成。因此,社科院图书馆服务的范围、信息传递的速度都是有限的。② 孙慧(2012)认为:服务模式僵化和服务方式单一影响了地方社科院图书馆信息服务的质量。有的图书馆还固守传统的服务手段,采用传统的手工操作方式进行信息服务,参考咨询服务还停留在初级水平,缺乏深层次的信息开发,服务项目不够多样化,项目开发缺乏自主创新,开发力度不够,实效不高;对用户需求了解甚少,坐等用户上门,无法满足不同层次用户的信息需求。③

5. 缺少必要的对外联系与交流

郭孟秀(2000)认为,地方社科院图书馆长期处于封闭状态,缺少与其他类型图书馆的联系,绝大多数社科院图书馆只对本馆读者服务,不对社会开放,不仅造成信息资源的极大浪费,而且也失去了将院内科研成果推广到社会上的一次良机。④ 王建平(2001)、霍春英(2003)、申艳琴(2008)等研究者认为,封闭性成为地方社科院图书馆的一大特色,"不对外服务"的结果既造成了图书经费的浪费,又大大降低了文献信息资源的利用率。⑤

---

① 霍春英:《新时期地方社科院图书馆现状与对策研究》,载《情报资料工作》,2003年第3期,第62~63、52页。
② 刘芳:《论阮冈纳赞的图书馆学五定律对地方社科院图书馆工作的指导意义》,载《图书馆工作与研究》,2005年第2期,第82~84页。
③ 孙慧:《地方社科院图书馆服务危机的成因及应对策略》,载《情报探索》,2012年第6期,第120~122页。
④ 郭孟秀:《社科院图书馆现状分析与发展模式探讨》,载《图书馆建设》,2000年第6期,第44~45页。
⑤ 王建平:《对地方社科院图书馆发展的思考》,载《江西社会科学》,2001年第11期,第138~139页;霍春英:《新时期地方社科院图书馆现状与对策研究》,载《情报资料工作》,2003年第3期,第62~63、52页;申艳琴:《地方社科院图书馆面临的挑战及其出路》,载《企业家天地》,2008年第4期,第150~151页。

6. 系统内一直没有形成统一的协调领导机构

霍春英(2003)认为,各省社科院图书馆之间由于地域分散,难以形成合力,纵向合作差。在全国范围内又缺乏强有力的协调领导机构,图书馆各行其是,难以适应新时期信息社会化、网络化及资源共享的新要求。① 卢刚(2004)认为,由于行政归属上的不同,使得地方社科院图书馆之间的联系尚处于联谊、交流、研讨阶段,馆际合作还未有实质性突破,造成各馆之间的文献信息资源重复建设等问题。究其原因,主要是缺乏强有力的具有权威性的组织协调机构。② 白云(2012)认为,由于中国社科院对各地方社科院没有行政领导权限,系统内缺乏强有力的协调领导机构,相对于高校、科学院等其他系统,这种体制上的"先天不足"使得全国社科院系统信息资源共建共享的发展进程格外艰难。各馆之间"块状并列"的兄弟关系,致使图书馆无论多大都必须单独面对本院社科研究的所有门类,资源建设大都追求"大而全"、"小而全"的风格与模式,资金、资源浪费的同时,也无益于整体网络效益的形成,上下协作不易,横向协作更难。③

二、对策建议综述

1. 针对办馆理念落后的问题

霍学雷、黄强伟(2002)提出,社科院图书馆必须打破传统观念的束缚,解放思想,从一个简单的文献管理与服务机构转型成为一个社会科学信息服务中心,在部门设置、服务方式及

---

① 霍春英:《新时期地方社科院图书馆现状与对策研究》,载《情报资料工作》,2003年第3期,第62~63、52页。
② 卢刚:《网络环境下地方社科院图书馆发展建设问题》,载《求索》,2004年第6期,第108~109页。
③ 白云:《当前信息环境下地方社科院图书馆的发展障碍与对策》,载《情报资料工作》,2012年第2期,第98~101页。

其职能方面进行重新调整。① 霍春英(2003)提出,应改变"以藏为主,重藏轻用"的落后意识,树立现代社科信息中心观念、开放办馆观念和积极主动为社会各界服务的意识。② 石玉华(2004)以我国社科院图书馆事业及其资源的现状为基点,提出网络环境下地方社科院图书馆的发展方向和定位是复合型图书馆的基本构想。③ 白云(2012)认为要树立协同服务的"大图书馆"理念,由各馆独立向多馆联盟的组织形态变革,尽快实现系统内信息资源共建共享。④

2. 针对经费不足的问题

霍春英(2003)提出,为了弥补经费不足的缺憾,各馆应考虑在保证本单位利用率最高的文献资料作为馆藏文献(实体馆藏)的同时,还要运用现代化信息技术从网络信息资源中获取有关信息,并加以整合作为补充,形成虚拟馆藏。与此同时,还要有针对性、有选择地建立密切的馆际互借关系,确定切实有效的馆际借阅和资源共享的管理制度。⑤ 白云(2006)提出,地方社科院图书馆应重点推行特色化资源建设,优化馆藏结构,提高馆藏资源利用率,以减少资金和资源的浪费。⑥ 针对地方社科院图书馆不可能一下子拿出大笔经费集中进行特色馆藏建设的现实状况,白云(2012)提出,应多方面想办法,多途径构

---

① 霍学雷,黄强伟:《社科院图书馆的现状及特色发展之路》,载《图书馆学研究》,2002年第12期,第14~15页。
② 霍春英:《新时期地方社科院图书馆现状与对策研究》,载《情报资料工作》,2003年第3期,第62~63、52页。
③ 石玉华:《网络环境下的社会科学信息资源建设》,载《中州学刊》,2004年第7期,第206~208页。
④ 白云:《当前信息环境下地方社科院图书馆的发展障碍与对策》,载《情报资料工作》,2012年第2期,第98~101页。
⑤ 霍春英:《新时期地方社科院图书馆现状与对策研究》,载《情报资料工作》,2003年第3期,第62~63、52页。
⑥ 白云:《对地方社科院图书馆建设和发展若干问题的思考》,载《情报资料工作》,2006年第2期,第86~88页。

建特色馆藏,其具体办法包括:整合现有馆藏;现行购置经费应重点满足特色资源建设;发掘和拓展赠书渠道;构建并发挥图书馆联盟优势,通过交换与索取充实特色收藏;积极开展数字典藏等。①孙慧(2012)认为,应在广泛调研的基础上,根据科研人员的信息需求,制定一个切实可行的发展规划,确定馆藏文献选择比例等。在采购工作中,根据文献信息资源的可获取性、易用性及费用等情况进行合理配置。②

3. 针对图书馆人才队伍建设问题

卢刚(2004)等研究者提出,一方面要增加对图书馆现有人员继续教育的投入;另一方面要逐步引进图书情报专业和计算机应用专业的高素质专业人才。③白云(2006)提出为构建一支高品质的馆员队伍,地方社科院图书馆应改革传统的人事管理制度,创建可持续发展的人力资源管理新机制。她提出的具体措施包括:建立科学而合理的岗位责任制,制定完善的馆员培训和发展制度,构建并适用高效能的激励机制,设计切实可行的奖酬方案。④黄荔梅(2010)提出,除了通过业务进修和培训提高馆员素质,更应提倡在"干中学",鼓励馆员深入到科研工作第一线。⑤白云(2012)提出,地方社科院应尽快制定与当前建设、服务需求相适应的图书馆员准入制度,通过相关认证,有

---

① 白云:《当前信息环境下地方社科院图书馆的发展障碍与对策》,载《情报资料工作》,2012年第2期,第98~101页。
② 孙慧:《地方社科院图书馆服务危机的成因及应对策略》,载《情报探索》,2012年第6期,第120~122页。
③ 卢刚:《网络环境下地方社科院图书馆发展建设问题》,载《求索》,2004年第6期,第108~109页。
④ 白云:《对地方社科院图书馆建设和发展若干问题的思考》,载《情报资料工作》,2006年第2期,第86~88页。
⑤ 黄荔梅:《地方社科院的对策研究与图书馆情报工作创新》,载《新世纪图书馆》,2010年第3期,第46~48页。

意识地引进和培养专业人才。[①]

4. 针对服务方式和服务手段的改进

霍春英(2003)认为,地方社科院图书馆要适应"重点学科"建设的需要,对重点课题开展专题服务、跟踪服务,还可通过提供综述、述评、专题研究报告、分析预测报告等三次文献服务,为科研人员正在进行的科研课题提供决策依据,为地方经济发展服务,要针对本地区经济发展的特点和重点,提供较全面系统的服务,尽力满足社会各方面对图书馆的需要。[②] 卢刚(2004)认为,网络环境下,实现社科文献信息资源广泛共享已成为可能和现实,因此,地方社科院图书馆社科文献信息服务的方式必须转变,必须打破以原始文献作为第一服务手段的传统,将服务工作转移到发展数字资源的光盘检索、联机检索、网络信息检索、网上信息咨询服务等主动服务上来,以实现服务方式多样化。[③] 刘芳(2005)认为,在现代化图书馆,传统手工操作方式将被现代技术手段取代,读者服务操作方法和技术手段的变化体现在读者服务领域的各个方面,如通过建立OPAC,提供读者在不同地方从不同途径查询馆藏目录,进行网上预约和续借,并查询个人借阅情况等。[④] 张江林、王丽香(2011)认为,社科院图书馆应根据科研人员的专业结构、行为方式及其特定需求,利用馆内、外丰富的信息资源及现代信息需求,主动向读者提供具有针对性的、能满足科研读者个性化信息需求的

---

① 白云:《当前信息环境下地方社科院图书馆的发展障碍与对策》,载《情报资料工作》,2012年第2期,第98~101页。
② 霍春英:《新时期地方社科院图书馆现状与对策研究》,载《情报资料工作》,2003年第3期,第62~63、52页。
③ 卢刚:《网络环境下地方社科院图书馆发展建设问题》,载《求索》,2004年第6期,第108~109页。
④ 刘芳:《论阮冈纳赞的图书馆学五定律对地方社科院图书馆工作的指导意义》,载《图书馆工作与研究》,2005年第2期,第82~84页。

信息和服务。① 白云(2012)提出地方社科院图书馆要着力推广与本院、本馆特点相吻合的专业化服务。如组建学科服务团队,利用团队成员的知识组合为对口学科提供专门服务;组织学科专业化馆藏布局,有的放矢地拓展个性化服务;吸取专家智慧,共同建设图书馆学科资源库;建好图书馆网站,保障各类深层次服务得以实现。②

5. 针对要加强对外宣传和交流的问题

霍学雷、黄强伟(2002)提出,地方社科院图书馆应通过对外业务交流与联系,既建立起包括同当地、外地公共馆、高校馆的横向联系,也建立起包括同全国各兄弟院图书馆的纵向联系,最终把社科院图书馆建设成为一个科研人员时刻也离不开的图书情报中心或文献信息中心。③ 申艳琴(2008)、孙慧(2012)、白云(2012)等研究者提出,地方社科院图书馆在发展方向上应走联合发展之路,包括和地方社科院图书馆联合、和当地高等院校图书馆联合、和地方图书馆联合、与地方科研机构联合等等。④

6. 针对系统内缺乏强有力的协调领导机构的问题

社科院系统图书馆由于行政隶属关系不同而无法形成统一的协调领导机构,影响了系统内网络化效益的形成,制约了全系统图书馆整体效益的发挥。针对这种状况,研究者们也在

---

① 张江林,王丽香:《社科院图书馆个性化信息服务探析》,载《兰台世界》,2011年,11月中旬,第79~80页。

② 白云:《当前信息环境下地方社科院图书馆的发展障碍与对策》,载《情报资料工作》,2012年第2期,第98~101页。

③ 霍学雷,黄强伟:《社科院图书馆的现状及特色发展之路》,载《图书馆学研究》,2002年第12期,第14~15页。

④ 申艳琴:《地方社科院图书馆面临的挑战及其出路》,载《企业家天地》,2008年第4期,第150~151页;孙慧:《地方社科院图书馆服务危机的成因及应对策略》,载《情报探索》,2012年第6期,第120~122页;白云:《当前信息环境下地方社科院图书馆的发展障碍与对策》,载《情报资料工作》,2012年第2期,第98~101页。

积极思考,从多方面想办法,设计解决对策。霍春英(2003)提出,要建立统一的管理机构,由中国社科院图书馆牵头,各地方社科院图书馆业务负责人组成,集中领导,统一规划,建立中长期目标,对本系统图书馆工作的规范化、系统化进行指导,建立健全的管理制度,以切实保障本系统图书馆统一行动,共同建设。① 卢刚(2004)认为,建设全国社科院系统文献信息资源共享体系的基础与成败的关键是建立系统间权威领导机构。该机构应由中国社科院图书馆牵头,各地方社科院图书馆参加,贯彻自愿互补的原则,能够体现共享各方和各个层面的利益。② 白云(2012)认为,在目前这种刚性块状分割无法改变的情形之下,在以科研需求为导向的前提之下,通过国家和各地方院、馆的高层推进,尝试建立合约性的全国社科院系统图书馆联盟管理体制是比较理想的选择。③

三、既有研究的不足

1. 研究成果数量较少,研究者成分单一

笔者以 CNKI 系列数据库中的《中国期刊全文数据库》和《中国重要会议论文全文数据库》为数据来源,检索新世纪以来,"地方社科院图书馆建设发展问题"研究成果中发表于学术期刊为主的学术论文,共检索到 15 篇,当然,不排除笔者所使用的数据库有局限性,检索也可能存在误差,但是,这一检索结果仍足以表明,目前这一领域的研究成果数量较少,与针对于高校图书馆系统和公共图书馆系统所作研究的成果数量相比有很大差距。且研究者成分也较为单一,大多数作者都来自

---

① 霍春英:《新时期地方社科院图书馆现状与对策研究》,载《情报资料工作》,2003 年第 3 期,第 62~63、52 页。
② 卢刚:《网络环境下地方社科院图书馆发展建设问题》,载《求索》,2004 年第 6 期,第 108~109 页。
③ 白云:《当前信息环境下地方社科院图书馆的发展障碍与对策》,载《情报资料工作》,2012 年第 2 期,第 98~101 页。

于社会科学专业图书馆工作一线,显示社会科学专业图书馆问题研究尚未引起学界的重视。分析其中的原因,笔者认为,一方面,社会科学专业图书馆虽分布在全国各地,但是在图书馆规模与图书馆数量上同高校图书馆和公共图书馆都存在明显的差距,且我国社会科学专业图书馆文献信息服务主要针对本单位社科研究,基本不对外开放,在社会上的影响力相对较低,也影响了图情理论界对其的关注程度;另一方面,社会科学专业图书馆内设于科研机构,由政府财政支持其基本管理与运行经费。多年的封闭运行,图书馆已习惯于自给自足的建设模式,缺乏与外界交流的主动性与积极性,图书馆的从业人员也大多安于现状,竞争意识淡薄,缺少创新精神,馆员队伍中高素质人才较少,研究力量薄弱。

2. 研究视野与思路狭窄,缺乏宏观视角的研究成果

由于分布地域分散和行政管理权限不统一等原因,长期以来,我国社会科学专业图书馆大都形成了以静态模式将自己封闭于科研机构当中,故步自封,各自为政,仍习惯于以本馆拥有的实体馆藏满足读者提出的信息需求。这种传统理念下,被动、封闭的信息服务模式,总是会受到一定空间和时间限制。既有研究虽已认识到网络化效益凸显的今天,"以本馆为中心,被动满足读者信息需求"的传统服务模式及其所释放出来的服务功能已远远不能适应科研发展的需要,但是不少成果还是习惯于"独立应对挑战"的传统思维范式,在"就事论事"、"就行当论行当"的微观层面打圈圈。同时,多数成果都是针对社会科学专业图书馆当前的既定状态进行静态分析与研究,缺乏将社科图情服务放在组织与系统发展的大平台之上,从动态的、系统的相对关系的模式中进行宏观视角的分析与探究。所提出的对策基本都是在方法、手段上动脑筋,就事论事提出改进方略,没有对问题进行深入的根源追究,缺乏深层次的改革与创新意识。

3. 理性分析多，对规律的探寻少

由于研究者大多具有社会科学专业图书馆从业者的职业背景，对社会科学专业图书馆存在的问题都深有感触，既有研究成果大多能够深刻地察觉并准确地提出问题，但是凡事都有利有弊，既有研究所作对策思考也往往基于实践中的感悟而偏重于说理，理性分析多于规律的探寻。加之急于解决问题的迫切心理，许多成果都强调运用行政干预与调节等外力作用促进事业发展。是的，如果假以强有力的行政干预，复杂的问题往往能够较快得以解决。笔者也不否认，为解决问题而求助于行政手段帮助，有时确实会起到立竿见影的效果，但是且不说这样的呼吁能否得到主管部门的关注与支持，事实上，来自体制的制约是刚性且难以突破的，一时的政策倾斜不可能从根本上解决图书馆可持续发展问题。科学的发展主要依靠科学的力量，就社会科学专业图书馆建设与发展来说，不探寻规律，没有科学的理论作指导。仅仅只作一些方法和手段上的调整和变革，难以从根本上改变其当前的发展困境。因此，这类对策虽言之有理，但由于操作难度大，对实践的指导意义不强。

第二节　图书馆改革实践呼唤理论创新

一、图书馆改革实践述评

日新月异的新技术、新环境已经动摇了社会科学专业图书馆诸多概念的根基。近年来，我国社会科学专业图书馆也在不断通过改善环境、提升馆藏质量等一系列优化举措，努力提升自己的服务水平，但是缺乏内涵深度的服务还是使得图书馆逐渐远离本单位科研的主战场，边缘化的趋势日益明显。在大多数地方社科院，科研人员对本单位图书馆的依赖程度在下降。

显然,图书馆如果仍然希望通过改良式的业务革新来谋求在巨变中的生存是难以取得明显效益的。回顾近十多年来我国社会科学专业图书馆业务革新与建设发展实践,我们还可以得出以下基本判断:

第一,近十多年,我国的社会科学专业图书馆普遍经历了一轮馆舍空间升级、服务规模升级和技术应用升级的过程,但是在传统组织惯性的作用下,以往大部分的努力都是在固有思维模式下进行简单重复的外延式扩展,馆舍条件的改善与馆藏文献规模的增长并没有从根本上帮助这类专业图书馆摆脱困境,面对当前信息环境与读者需求的变化,我国社会科学专业图书馆有必要以"创新"的魄力和胆识将传统的"优势"扬弃,重新确立新的核心竞争力、探索新的发展路径。

第二,近十多年,以互联网为代表的信息技术发展速度不断加快,图书馆信息化的压力往往被错误地聚焦于现代信息技术的应用上,于是大量的经费持续消耗在硬件投入之中,而忽视了当前更为重要的是要使信息技术的应用能够促成应用对象领域在业务模式、组织架构乃至发展战略上的全面变革。也就是说,社会科学专业图书馆必须从被动地引进技术,发展为将技术有机融合于使用之中。为此,需增强"软实力"的投入,即要着眼于用户的需求,要着力开发图书馆事业中"人才"的效力。

第三,近十多年,合作、联盟成为图书馆应对环境变化的主要手段,社会科学专业图书馆也普遍以积极的态度,努力探索构筑或争取加入各种类型的图书馆联盟。但是,图书馆合作、图书馆联盟绝不是简单意义上的图书馆叠加、图书馆扩展。科学而高效的图书馆合作组织的构筑需要对图书馆权利结构以及不同类型图书馆的角色定位、核心服务功能等方面进行有目的的、系统的研究,基于了解和掌握规律的前提下,进行科学的组织调整与革新,从而通过合作与联盟重构图书馆全新的建设内涵与发展路径。

总之,在坚持理论研究的同时,我国社会科学专业图书馆在实践中也一直努力探索着新时期发展之路,期望通过服务手段的革新、服务内容的深化来适应环境与形势的变化。面对服务需求的提高,图书馆大多强调竞争,期望通过各种各样的途径加强能力建设,以提升自身的"竞争力",实现事业发展。然而,我国的社会科学专业图书馆大多内设于不同的社会科学研究机构,致力于为本单位的社会科学研究提供专业文献信息服务与保障,而不面向社会。服务面窄小,加之受条块分割的体制制约,图书馆各自为政,缺少必要的协调。社会科学专业图书馆一直表现为小、散、弱的整体特征,其经费、资源、人才等各方面实力与公共、高校图情系统均相去甚远。由于客观存在着的实力悬殊,单纯地强调提升自身"竞争力",并将其作为社会科学专业图书馆应对挑战的最重要方式和首选对策的服务创新思路,理论上有其合理性,但是付诸实践,其目标和结果却难以实现,这也是目前社会科学专业图书馆建设与发展以及图情服务创新在理论上与实践中不能同步推进的重要原因。那么,网络环境下,我国社会科学专业图书馆建设与发展的成功之路在哪里呢?

人类社会在发展过程中总是会遇到这样、那样的困难,如果一个问题沿着一种老路始终难以突破,那么要解决问题,只有创新思路,探索解决问题新型路径。有鉴于近十多年我国社会科学专业图书馆建设发展问题研究与实践始终难有实质性突破,笔者认为,当前的研究务必创新思路,另辟蹊径想办法找到解决问题的突破口。从根本上说,科学的发展主要依靠科学的力量,这其中的核心与关键问题是要有一种创新性思维和科学的理论来指导新时期的实践,将一直处于被动状况下、始终存在于片段当中的改革科学化、系统化,形成一个整体的战略规划和建设体系。

二、探索先进的建设发展理论指导当前的实践

进入 21 世纪,中国图书馆事业处于迅速发展和急剧变革当中,图书馆界的学者们对图书馆如何适应环境变化,实现与时俱进进行了深入的探讨,问题涉及现代及未来图书馆的形态、功能、管理与服务等多方面、多层次,可谓"百花齐放,百家争鸣"。与此同时,诸如产业化、网络化、虚拟化等新颖而华丽的提法层出不穷,令人目不暇接。然而,在我们认真梳理、思考这种种新思想、新论点时,一方面为那些真知灼见的学术成果而欢欣鼓舞,另一方面更需要仔细推敲这其中有多少新思想、新观点是针对或适用于社会科学专业图书馆的。现实永远是无法回避的,"适者生存"的市场法则适应今天和未来的任何类型图书馆。

繁荣发展的哲学社会科学事业给社会科学专业图书馆带来了前所未有的发展机遇,同时也注定要将图书馆的改革推上改革大潮的风口浪尖。事实上,目前国内许多高校图书馆已经成为知识创新价值链中的有机组成部分,而大多数社会科学专业图书馆仍然受困于传统体制的束缚当中,但是随着科研工作改革走向深入,相信社会科学专业图书馆深化改革大幕的开启也势在必行。一方面,社会科学专业图书馆不可能长期游离于图书馆事业整体之外,探寻新时期建设与发展的有效路径,以尽快融入图书馆事业蓬勃向上的整体发展态势当中,是图书馆事业繁荣发展对社会科学专业图书馆提出的任务要求;另一方面,社会科学专业图书馆是哲学社会科学事业的重要组成部分,面临哲学社会科学创新工程的伟大历史实践,大力探寻新时期社科信息服务有效方略,满足科研需求,则是繁荣发展的哲学社会科学事业对社会科学专业图书馆提出的任务要求。

2000 年,范并思、胡小菁在《论信息技术对图书馆学的影响》一文中指出:"信息技术的发展深刻地改变了世界的图书馆

事业,使之开始了一场最为重大的变革。100年前基本成型的传统图书馆形态已面目全非,代之而起的是一种与数字化、网络化信息技术相适应的工作方式与服务模式"。"伴随着信息技术的采用,国内图书馆也一直进行着机构调整,如随着情报检索的发展,设立情报部门;在图书馆引进计算机后,设立负责计算机系统管理的自动化部门等,这些调整主要是出自于内部管理的需要,按照经验进行。因此,管理中非常需要有科学的、系统的理论来指导当前的组织结构调整。"①在这里,两位学者在国内图书馆界较早提出了新技术对图书馆的冲击,面对新技术的采用,图书馆需要在系统的、科学的理论指导下,进行组织架构的重新设计。亦即图书馆现代化建设离不开系统的、科学的理论指导。2005年10月,"中国科学院第十四次图书馆学情报学讨论会"在兰州举行,《会议纪要》对代表们的共识作总结,指出:"近年来,由于信息技术的飞速发展、信息领域竞争的加剧和用户信息需求的重大改变,文献信息服务环境已经发生了根本性的变化,科技自主创新下的信息需求发生重大迁移,数字图书馆技术正在发生新的范式演变和能力革新,文献信息服务格局正在发生根本转变。""为此,文献情报需要重新塑造服务模式。""专业图书馆的出路在于创新"。②

观念是行动的先导,创新是我们时代发展的主旋律。一些阻碍社会科学专业图书馆事业发展多年的老问题依然存在,或者说始终没有得到根本解决,其中一个很重要的原因是由于我国社会科学专业图书馆管理者和从业者受计划经济的影响深刻,思想观念不够解放,缺乏科学探索的勇气和激情,没有真正

---

① 范并思,胡小菁:《论信息技术对图书馆学的影响》,载《图书馆》,2000年第1期,第12~17页。

② 《推动专业图书馆服务理论创新和服务模式转变——中国科学院十四次图书馆学情报学科讨论纪要》,载《现代图书情报技术》,2005年第12期,第82、33页。

做到开拓思路,勇于创新。因此,当前解决这类专业图书馆生存与发展问题的最重要前提在于理念的改革与创新,要突破就事论事、就行当论行当的思路障碍,要在坚持适应社会发展要求的图书馆工作实践的基础上,十分注意研究和解决图书馆面临的新问题、新情况,深入探索新形势下图书馆的发展规律,立足现实,开发传统、协调全面、与时俱进,确立与新时期社会进步、用户发展相适应的图书情报新观念。它山之石,可以攻玉。笔者认为,要突破近年来有关社会科学专业图书馆建设发展研究与实践一直在原地打转转、难以深入的困境,当务之急是要与社会接轨,拓展研究视野,树立科学发展观,将社会科学专业图书馆事业融入社会发展的大环境中,大胆借鉴社会科学其他学科领域成功的经验,引进先进的社会发展理论,将原本那些有着关联的创新思路和变革片段,整合为一个系统,并在图书馆实践中不断丰富拓展其理论内涵,逐步确立符合社会科学专业图书馆实际,对实践具有指导价值与意义的社会科学专业图书馆建设与发展理论体系,用科学的理论指导社会科学专业图书馆健康、顺利地走向未来。

  新环境、新形势、新任务之下,社会科学专业图书馆深化改革与创新发展势在必行,树立科学发展观,探寻先进的建设发展理论指导当前的实践是改革取得实效的根本保证。共生理论即是可资借用的一种理论和方法。

第三章
共生理论及其在哲学社会科学领域的研究与应用

"共生",在《辞海》中的解释为:或称"'互利共生'。种间关系之一。泛指两种或两种以上生物生活在一起的相互关系。通常表现为一种生物生活于另一种生物的体内或体外相互有利的关系。""有些生态学家把共生概念作为凡生活在一起的两种生物之间不同程度利害的相互关系,也包括共栖和寄生。"①

"共生"作为一个生态学上的概念,是由德国真菌学家德贝里(Antoude Bary)于1879年首先提出,他定义共生为:"共生是不同生物密切生活在一起(Living together)"。德贝里之后,爱德华·威尔逊、柯斯基、保罗·布克纳等一些美国、苏联和欧洲的生物学家们发展完善了这一理论。现代生态学把整个地球看作一个大的生态系统——生物圈。生物圈内,各个种类生物间及其与外界环境间,通过能量转换和物质循环密切联系起来,形成广义共生。狭义"共生"是指生物之间的组合状况和利

---

① 夏征农,陈至立主编:《辞海》第六版(彩图本),上海:上海辞书出版社,2009年,第0730页。

害程度的关系,指由于生存的需要,两种或多种生物之间必须按某种模式互相依存和互相作用地生活在一起,形成共同依存、协同进化的共生关系。①

达尔文主义者把进化的唯一来源认为是随机突变、重组、基因复制和其他 DNA 编排,认为所有生物都以"有利突变的逐渐积累"这同一方式进化。与此观点不同,共生研究所提出的"共生进化"观点包括相关生物体之间的物种共形成与共适应;生物体之间长期的、密切的联系和交互影响经常导致新物种的形成;共生体之中的生物体的种系的发生或进化的历史是彼此密切相关的。

第一节 共生的一般理论概述

共生理论有一整套概念体系,如共生单元、共生模式、共生环境、共生度、共生界面、亲近度、同质度、关联度、信息丰度、共生维度、共生密度、共生系数、共生均衡等。

一、共生三要素

一般意义上说,共生是一定的共生环境中共生单元之间按某种共生模式形成的关系。共生总是成对单元共生或多个单元共生,共生单元、共生模式和共生环境是构成共生关系的三个要素。共生关系中,相互发生能量交换的个体被定义为"共生单元"。共生模式是共生单元之间相互作用的方式或相互结合的形式。共生单元以外的所有因素总和构成共生环境,共生单元是构成共生关系的基本单位,是形成共生体的基本物质条件;共生系统要以一定的共生模式承载;共生关系也不可能在

---

① 洪黎民:《共生概念发展的历史、现状及展望》,载《中国微生态学杂志》,1996年第4期,第50~54页。

真空中发生,而总是在一定的环境中产生和发展,共生环境包括共生机制和外部环境等等。

1. 共生单元

共生单元是形成共生体或共生关系的基本单位和基本物质条件,共生单元是随着特定分析对象变化而相应变化的,不同共生体中的共生单元的性质和特征不同,不同层次的共生分析中,共生单元的性质和特征也不相同。例如,在社会共生体中,每个社区都是共生单元,在社区共生体中,每个家庭都是共生单元,而在家庭共生体中,每一个家庭成员则成为共生单元。共生单元特征反映可以由相关的数量概念来表示,象参量反映共生单元的外部特征,质参量反映共生单元的内在性质。对共生单元起决定作用的是质参量。在共生关系中,不同共生单元的相互作用通过质参量和象参量之间的相互作用而体现出来。在共生理论中,反映共生单元之间的关系可以用共生度、共生系数、亲近度、同质度、关联度、共生密度、共生维度和信息丰度等不同的指标。

2. 共生模式

共生模式反映共生单元之间作用的方式和作用的强度,也反映共生单元之间的物质信息交流关系和能量互换关系。根据共生单元之间利益与信息交流与联系方式的不同,共生理论将共生模式划分为共生行为模式和共生组织模式。共生行为模式反映共生单元之间或共生关系内部的相互作用,揭示共生单元之间的本质联系。共生组织模式揭示共生单元之间、共生单元与共生界面之间、共生体与环境之间的动态关系,不论哪一种共生行为模式都必须遵守或服从这种动态关系的要求。共生行为模式分为寄生、偏利共生、非对称性互惠共生和对称性互惠共生四种。共生组织模式分为点共生、间歇共生、连续共生和一体化共生四种。共生系统虽由共生单元、共生模式、共生环境三要素构成,但其状态变化主要体现为共生模式的变化。总体来说,共生系统的进化只体现在两个方面:(1)共生行为模式进化,由寄生向对称性互惠共生方向进化。即:寄生→偏利共生→非对称互惠共生→对称互惠共生。在这一进化过程中,共生能量分配随着进化方向对称性提高。(2)共生组织模式进化,由点共生向一体化共生方向进化。即:点共生→间歇共生→连续共生→一体化共生。在这一进化过程中,共生系统组织化程度随着进化方向逐渐提高。对称性互惠共生和一体化共生模式下的共生系统,是共生单元实现双赢或多赢的理想模式和目标模式,是共生理论所主张和要促进的共生系统优化方向。

3. 共生环境

共生单元之间的共生关系总是在一定的环境中产生和发展,"共生环境"是指共生关系存在和发展的外在条件。共生理论认为,共生模式由共生单元与共生环境所决定,并随着共生单元与共生环境的变化而变化。共生环境对共生体的影响方式可以是直接作用或间接作用,共生环境也可能是多重的。对任何一个共生体来说,环境与共生体之间的影响和作用是相互的,环境对共生体的影响作用有正向的、中性的和反向的。相应地,共生体对环境的影响也有三类:正向的、中性的和反向的。

表1 环境与共生体的相互作用类型[①]

共生体＼环境	正向	中性	反向
正向	双向激励	共生激励	环境反抗
中性	环境激励	激励中性	环境反抗
反向	共生反抗	共生反抗	双向反抗

共生系统与环境之间的九种不同结合状况(如表1),对于

---

① 袁纯清:《和谐与共生》,北京:社会科学文献出版社,2008年,第13页。

共生体的进化具有不同的推动或抑制作用。例如,"双向激励"会导致物种的优化和繁荣,而"双向反抗"则会导致物种的衰落和蜕变。因此,"双向激励"共生环境状态是共生体"共生进化"的理想环境状态,"双向反抗"是共生体力求规避的环境状态。当然,除了这两种极端状态,更多的情况是介于两者之间,共生体与环境之间的结合状态也是可变、可调适的。

二、共生三要素的组合

任何共生系统都是共生单元、共生模式和共生环境组合及相互作用的结果,在共生关系三要素中,共生单元是共生关系存在的基础,共生模式是共生单元之间怎样相处的关键,共生环境则是对共生关系有重要影响的外部条件。共生模式之所以是关键,主要在于它既反映和确定共生单元之间复杂的生产和交换关系,也反映和确定共生单元对环境可能产生的影响和贡献,同时还反映共生关系对于共生单元和共生环境的作用。建构共生系统的核心问题就是共生模式及其效率。

共生单元相互作用、相互沟通的媒介或接触介质被定义为共生界面,它是形成共生关系的通道。在共生体中,共生单元通过共生界面进行正常的物质、信息和能量交流,共生界面在共生关系的形成和发展过程中具有极其重要的作用。在共生体系中至少有一个共生界面,共生界面往往和共生模式紧密联系,共生界面的性质和变化影响共生模式的选择和变化。

不同的共生三要素组合,形成特定的共生关系后,通过相互影响和制约,即会形成其独特的运行轨迹和能量特征,共生关系形成后新增的能量被称之为"共生能量"。共生能量函数是用来描述这种作用所产生的效果以及共生系统动态特征的。假设一个二维共生系统产生的总能量是 E,该共生系统存在共生单元 A 和 B,在非共生条件下,A、B 的能量分别为 E_a 和 E_b,在共生条件下新增的能量为 E_s,则:$E = E_a + E_b + E_s$。

三、共生理论的基本原理

共生理论的基本原理包括质参量兼容原理、共生利益形成原理、共生界面选择原理、共生系统相变原理和共生系统进化原理。这一系列基本原理是共生系统赖以形成和发展的基本规则,反映了共生系统形成与发展中的一些内在必然联系,是人们理解共生关系的要害所在。从内容上看,这五个原理环环相扣,以共生系统如何建立为出发点,讨论了共生利益形成的影响因素、共生系统生存和发展的决定因素、共生系统变化的方向以及推动系统发展的方法选择并最终促使系统进化到理想模式和目标模式的一条完整路径,为研究共生系统的变化和发展提供了清晰的思路。

质参量兼容原理对于识别自然共生系统以及选择和改造社会共生系统具有十分重要的指导意义。该原理说明:共生单元的质参量之间可以相互表达,只有在共生单元之间具备了某种内在的联系才可能构成共生关系。质参量兼容与否决定了共生关系能否形成,而质参量兼容的方式决定了共生模式。

共生利益形成原理说明了共生系统发展的本质属性是在共生关系形成后会产生新的能量。共生利益与全要素共生度有着一定程度的对应关系,只有全要素共生度大于0,才会有共生利益产生,全要素共生度越高,共生能量越大,反之,则共生能量越小。此外,共生利益还与共生密度和共生维度存在一定的关系。

共生界面选择原理主要涉及共生界面对共生对象的选择原则以及共生界面对共生利益分配的选择原则。该原理反映共生系统和共生环境的关系,说明共生界面对共生能量的使用选择问题,包括数量增值和功能改进。

共生系统相变原理说明系统由一种状态向另一种状态的转变过程,指出了引起系统相变的基本原因,为人们认识、分析共生系统相变种类及原因,改造自然共生系统,设计构造社会共生系统提供基本原则和方法。根据相变的性质不同,共生系统相变可分为组织模式相变和行为模式相变、连续相变和不连续相变以及混合相变。

共生系统进化原理对人们认识自然共生系统和构造社会共生系统有着不可替代的重要作用。该原理指出,进化是共生系统的本质,而共生系统的进化方向是对称性互惠共生,对称性互惠共生模式是共生系统进化的最终方向,是生物界和人类社会进化的根本法则。

第二节　共生理论在哲学社会科学领域的研究与应用

近百年来,对于共生的研究越来越活跃,研究范围不断扩大、研究内容不断深入。共生早已不仅仅只是生物学家和医学家所关注的问题,许多从事哲学、社会科学研究的学者也纷纷加入研究行列。源于生物学的共生理论逐渐被应用于人类社会关系模式的分析与解释,并由此而发展诞生了社会共生理论。正如复旦大学生物学教授洪黎民曾说:"普通生物学者深刻体会到群落中生物相互关系的复杂性,鲜明地揭示了个体或群体胜利的奥秘,在于它们在这个群体中密切联合的能力,而不是强者压倒一切的'要领',自然界如此,人文科学中的生物哲学亦可如此理解。"[①]

社会共生理论的本质就是借用生物共生理论的相关概念和规律,联系人类和人类社会的一些特性来归纳、分析人类社会的现象,探寻人类社会存在和发展的基本规律。社会共生理论认为,社会共生现象各种各样,千姿百态,遍布社会生活方方

---

① 洪黎民:《共生概念发展的历史、现状及展望》,载《中国微生态学杂志》,1996年第4期,第50~54页。

面面,但抽象来看必然包括三大基本要素:社会共生单元、社会共生模式、社会共生环境;人的社会性是人的本质属性,任何人都生活在社会当中,生活在人与人、人与自然所组成的共生系统当中;共生关系遍布人类社会政治、经济、文化、生活等所有领域。社会共生理论的重要前提是将人看作社会人,在人的基础上形成的单位也处在各种共生关系中,从而共生关系的改善是社会发展和进步的必然途径。

一、哲学层面的"共生"研究

在日本,著名建筑师和建筑理论家黑川纪章将共生思想应用到建筑领域,撰写出版《共生哲学》(1987)一书,兼容并蓄的共存理念是其共生哲学的核心,共生思想成为黑川纪章城市设计哲学理念的主体。他预言,"共生"一词在21世纪将会成为时代的关键词。哲学家花崎皋平撰写出版《主体性与共生的哲学》(1993),研究在生活的具体场所实现共生而构建"共生的哲学"、"共生的道德"的可能性。尾关周二撰写出版《共生的理想》(1995),从哲学意义上探讨"共生"与"共同"概念的区别。概而言之,哲学层面的"共生"研究认为,"共生"的核心是"双赢"和"共存"。这一思想正好迎合了日本企业分包制生产模式,曾有力助推日本制造业的快速增长,带动了日本经济的腾飞。

最近十多年,随着我国"和谐社会"理念的提出,共生哲学也引起了越来越多的国内学者的关注。复旦大学胡守钧教授(2000)在国内首次提出要以共生理论来指导社会,告别"以阶级斗争为纲"的斗争哲学,走向呼唤和谐的社会共生论。他研究出版《社会共生论》(2006)认为,共生是人的基本生存方式,所谓"社会发展"就在于优化共生关系,力求和谐共生。个人如此,组织如此,社会如此,国家也是如此。社会共生论既是社会分析工具,也是人生发展理论,更是一种社会改造哲学。《社共生论》提出有关社会共生分析的 36 条定理,包括:社会共生、人的基本生活方式,社会共生关系的基本要素,社会共生关系的分类,社会共生关系的基本结构,"道法自然"、"阴阳平衡"等等。① 吴飞驰(2002)研究"共生"哲学认为:"人性在某种意义上是一种关系的整合体,每个层面的基本属性是相互作用的均衡结果。个体对个体本身,体现的自然是自生、自为、自利;个体与社会是一种相互依存的共生关系,体现的是个体如何融入社会,社会如何接纳个人;个体与自然是一种相互依存的共生关系,体现的是个体如何在自然界存在,自然界如何允许个人生命的存在。同理,社会与自然也是一种相互依存的共生性关系。总之,人的本质就在于他能够在共生关系中不断地塑造自己的本质,不断完善自己。"②李思强(2004)从哲学意义上把"共生"理解为一个宽泛的概念,泛指事物之间或单元之间形成的一种和谐统一、相互促进、共生共荣的命运关系。同时他借鉴《易经》中的"太极图"构建出独具民族特色的"泰慧图",并在此基础上创建了"共生构建说"的哲学理论。③ 李燕(2005)、袁年兴(2009)研究认为,作为一种哲学思维方式,共生使我们对社会、人以及人与自然的关系审视有了新的视角、新的方法,为我们建立起更加和谐、平等的人与社会、人与自然以及人与自我的关系提供了新参照。共生将是人类在 21 世纪的价值选择。④

二、社会共生理论及其分析框架

随着共生学说的发展与完善,人们已越来越接受其"内共

---

① 胡守钧:《社会共生论》,上海:复旦大学出版社,2012 年,第 3~96 页。
② 吴飞驰:《"万物一体"新诠——基于共生哲学的新透视》,载《中国哲学史》,2002 年第 2 期,第 29~34 页。
③ 李思强:《共生构建说:论纲》,北京:中国社会科学出版社,2004 年,第 60 页。
④ 李燕:《共生哲学的基本理念》,载《理论学习》,2005 年第 5 期,第 73~74 页;袁年兴:《共生哲学的基本理念》,载《湖北社会科学》,2009 年第 2 期,第 100~102 页。

生是进化创新的重要来源"的论点。认为在适者生存、弱肉强食的竞争中,还存在着彼此协调、共同进化的关系。

我国学者袁纯清等人将源于生物学的共生概念和方法论引入到社会科学的研究中,形成了社会共生的基本原理与系列分析方法。在《共生理论——兼论小型经济》(1998)一书中,袁纯清借鉴生物学的共生概念及相关理论,运用数理分析,构建了共生理论作为一门社会科学所必需的概念工具体系、基本逻辑框架和基本分析方法。并对共生理论分析的基本结论做出总结:(1)共生是一种自组织现象。共生单元之间按照内在要求形成共生模式,产生新的共生能量,推进共生单元共同进化发展。(2)合作是共生的本质特征之一。但是共生并不排除竞争,只是与一般意义上的竞争不同,共生首先不是共生单元之间的相互排斥和厮杀,而是共生单元之间的相互吸引、相互合作、相互补充、相互促进。(3)共生过程是共生单元的共同进化过程,也是特定时空条件下的必然进化过程。共同激活、共同适应、共同发展是共生的深刻本质。自然界内部、人类社会内部以及自然界和人类社会之间的共生关系同样服从共生的一般本质,即共同进化。(4)在共生进化过程中,共生单元有着充分的独立性和自主性,共生进化过程还可能产生新的单元形态、共生形态,形成新的物质结构。在经济领域中,共生关系将促进经济资源的有效配置,是促进经济创新、技术创新、制度创新的基本动力之一。(5)共生关系反映了共生单元之间的物质、信息和能量关系。这种关系一旦消退或丧失,共生关系也就消退或丧失;如果这种关系增强或加深,共生关系也就增强或加深。生物共生单元之间的关系表现为物质要素的供求关系,在经济共生单元之间,体现为共生经济要素的供求关系。(6)环境对共生单元发生作用,但是共生关系并非单方面适应环境,共生关系对环境也产生影响。(7)共生关系的本质还表现为共生过程中产生共生能量,共生能量是共生关系增加的净能量,它是共生单元、共生模式与共生环境共同作用的结果。体现了共生关系的协同作用和创新活力。共生能量的产生与否是检验是否共生的最终标准。(8)共生系统发展的总趋势和总方向是进化。最稳定最有效的对称互惠共生是系统进化的一致方向,也是生物界和人类社会进化的根本法则。① 之后,袁纯清在其撰写出版的《和谐与共生》(2008)一书中,对社会共生理论的基本原理作了五个方面的概括:(1)社会共生关系在本质上是自然界共生关系的延续和升华;(2)社会共生利益体现在物质利益和精神利益两个方面;(3)社会共生界面在选择与改善上存在主动性和突变性;(4)寄生、偏利共生、互惠共生三种社会共生关系的存在有其合理性,但对称性互惠共生是社会共生的发展方向和趋势;(5)竞争是实现共生的手段,不是社会进化的最终目的和结果。②

三、共生理论在社会科学研究与实践中的应用

1. 共生理论在社会科学研究中的应用

社会共生理论认为,社会科学中人与人之间、单位与单位之间等等也是相互联系、相互影响的,类似于生物学的共生关系,因此,存在于自然界中的共生现象同样存在于社会科学领域。源于这样的理论基础和思想共识,20世纪五六十年代以来,生物共生理论和方法逐渐被借用或借鉴来研究和改善社会政治、经济、教育等诸多方面的问题。美国学者借用生态学,创立了人文区位学。在人文区位学理论中,"共生"被认为是支配城市区位秩序的最基本因素之一。③ 日本学者山口定、井上达

---

① 袁纯清:《共生理论——兼论小型经济》。北京:经济科学出版社,1998年,第174~176页。
② 袁纯清:《和谐与共生》,北京:社会科学文献出版社,2008年,第13页。
③ 中国大百科全书总编辑委员会编:《中国大百科全书·社会学》,北京:中国大百科全书出版社,2002年,第76页。

夫等人将共生运用于民主政治研究；①韩国学者李承律探讨现代企业乃至国家之间你死我活的竞争能否被双赢的共生所替代，以此宣扬企业之间应从竞争走向共生。② 在我国，袁纯清(2002)将共生理论引入金融领域，基于共生理论的分析视角和分析框架，对我国城市商业银行的改革问题进行了理论联系实际的系统研究，为我国小型经济发展和城市商业银行改革提供了基于共生理论的新思路、新视角和新方法。③ 张旭(2004)运用共生理论研究城市可持续发展问题，分析建构了城市内部和城市之间的共生关系的概念模型，认为实现城市可持续发展必须通过加强政府建设以完善共生界面，加强学习与教育以促进产生共生能量，加强城市建设以提高共生单元的质量。④ 袁纯清(2008)将共生理论应用于和谐社会研究，分析人与自然、劳资关系、民族关系、政党关系等现代社会中的一系列焦点问题，为促进社会和谐共生提出具体的思路与建议。⑤ 程雁雷、宋宏(2012)运用共生理论观察和研究大学与区域发展的关系，提出由于制度环境和社会需求的作用，改变了大学的功能定位、价值取向和生存路径，使大学与区域发展日益形成对双方都有必要的共生关系；无论是大学发展还是区域发展，都必然在一个系统内相互依赖、相互交换地共生互动而得以成长。⑥ 杨松令、刘亭立(2012)应用共生理论分析和诠释我国上市公司股东之间的关系，提出基于共生理论的大小股东关系研究框架，对大

---

① 胡守钧：《社会共生论》，上海：复旦大学出版社，2012年，第3~96页。
② [韩]李承律：《共生时代——东北亚区域发展新路线图》，北京：世界知识出版社，2005年。
③ 袁纯清：《金融共生理论与城市商业银行改革》，北京：商务印书馆，2002年。
④ 张旭：《基于共生理论的城市可持续发展研究》，东北农业大学，博士论文，2004年。
⑤ 袁纯清：《和谐与共生》，北京：社会科学文献出版社，2008年，第13页。
⑥ 程雁雷，宋宏：《教科文与安徽发展共生形态研究》，合肥：安徽人民出版社，2012年。

小股东的生态关系进行定位、探讨大小股东共生模式的类型。① 在图书馆事业研究领域,龙叶、白庆珉(2008)运用共生理论分析论证图书馆知识联盟存在的合理性与科学性,提出建立图书馆知识联盟共生机制。②

2. 共生理论在人类社会发展实践中的应用

(1)工业共生:直接借用生物学共生方法。

如同生物共生是生物种群生态学种间关系分析的方法论工具一样,工业共生理论也成为工业生态学的一个重要分析工具。工业生态学理论认为,理想的工业生态系统应能以完全循环的方式进行"零污染"生产,每个生产过程产生的废物都变成下一生产过程的原料,所有的物质都得到了循环往复的利用,没有绝对意义上的废料,从而达到充分利用资源、减少废物产生、消除环境破坏、提高经济效益的目的。③ 生态工业园正是依据工业生态学原理而设计建立了一种新型的工业组织形态。它是由美国 Indigo 发展研究所的 Ernest Lowe 教授于 1992 年首先提出来的。Ernest Lowe 教授将生态工业园定义为:一个由制造业企业和服务业企业组成的企业生物群落,它通过在管理环境与资源方面(包括能源、水和材料等在内)的合作来实现生态环境与经济的双重优化和协调发展。最终使该企业群落寻求一种比每个个体效益的总和还要大得多的群落效益,并显示了极大的经济和社会效益。目前国际上最早和最成功的生态工业园是丹麦的卡伦堡生态工业区。自 1989 年以后,卡伦堡开始出现了多种方式的企业间共生,而卡伦堡工业共生系统并不存在人为的规划。共生是由这些企业在自发的废物交换

---

① 杨松令,刘亭立:《上市公司大小股东关系:基于共生理论的研究》,北京:中国经济出版社,2012年。
② 龙叶,白庆珉:《图书馆知识联盟的共生理论研究》,载《情报科学》,2008年第1期,第18~23页。
③ 许芳:《企业共生论——和谐社会理念下的企业生态机理及生态战略研究》,北京:中国财政经济出版社,2006年,第202页。

过程中发展起来的。出于对利益的追求使他们走在了一起。工业生态理论正好为卡伦堡出现的工业共生现象提供了一定的理论依据。卡伦堡是被发现的第一个工业共生的成功案例，带动了工业共生的理论发展和工业实施。到2000年，卡伦堡工业园共有包括发电厂、炼油厂、制药公司等6家大型企业和10多家小型企业。卡伦堡公司出版的《工业共生》一书中定义工业共生为："工业共生是以共生理论和工业生态学相关理论为基础研究不同企业间的合作关系。通过这种合作，共同提高企业的生存能力和获利能力，实现对资源的节约和环境保护。在这里该词被用来着重说明企业因相互利用副产品而发生的各种合作关系。"这一定义亦揭示工业共生的本质就是企业之间的合作，只是这种合作的纽带是企业间的副产品交换，其目的是要提高资源利用率和保护环境。

卡伦堡之后，生态工业园的概念得到了发达国家的重视并付诸实践。2001年上半年，仅美国就至少在40个地区建立了生态工业园。近年来，我国也开始了源自工业生态学理念的生态工业示范园区的建设。2006年，国务院已批准建立的生态工业园达一百多家。①

（2）商业生态系统：借用生物学的共生思想。

将生物学中的共生思想引入企业管理的研究起源于20世纪70年代，至90年代成为研究的热点。70年代初，组织生态学理论(organization population ecology)出现，学者们将共生思想应用在企业共生环境中，从企业种群的角度研究处于相似市场环境中的企业个体如何适应多变的环境，以及环境是如何对企业个体进行选择，由此寻找企业种群多样化和差异化的原因。70年代中后期，汉南(Michael T. Hanman)和弗里曼(John H. Freeman)在前人研究的基础上，提出了完整的组织种群生

---

① 许芳：《企业共生论——和谐社会理念下的企业生态机理及生态战略研究》，北京：中国财政经济出版社，2006年，第202页。

态学理论:企业适应和环境选择是种群演化的主要路径,种群密度是影响企业生存的关键要素,种群密度的高低与企业死亡率有直接的关系。1993年,保罗·霍肯(Paul Hawken)的《商业生态学:可持续发展的宣言》和1996年苏恩、泰斯(Suan & Tan Sen)的《企业生态学》都是利用共生思想探讨商业活动与环境的相互关系,提出可持续发展的商业模式和环境资源的可持续性。1998年,肯·巴斯金(Ken Baskin)出版著作《公司DNA:来自生物的启示》,提出了"市场生态"的概念,强调公司与市场要在共生中协同进化。1999年,詹姆斯(James F. Moore)提出"商业生态系统"概念,认为商业生态系统是由个体、组织和子系统组成,以组织和个体的相互作用为基础的经济联合体,组织和个体是商业生态系统中的有机体。其中,"个体"是指消费者个人,"组织"是指各类企业,"子系统"是指企业之间的战略联盟等。这些研究都是源于对企业之间过度竞争反思的结果,是共生理念在企业管理中的应用。

我国的企业生态学的研究开始于20世纪末。1995年,孙成章研究出版著作《企业生态概论》,把生态学思想应用于经济管理研究中。2002年,梁嘉骅等发表论文《企业生态与企业发展》,对企业及其战略环境的生态特性进行了较为详细的阐述。2003年,杨忠直出版《企业生态学引论》、聂锐和张燚发表《战略管理新范式:战略生态管理》,等等。国内学者在商业生态系统概念的基础上,提出了一种全新管理范式,即"企业生态管理",强调企业在商业系统中的"共生"和"共同进化"。与此同时,从共生的角度研究企业联盟也成为国内学者的热点,提出了企业联盟的"共生管理"模式,并从共生条件、企业对共生模式的选择、共生机制等方面展开研究。

自然科学影响社会科学的效应机制,第一是类比和借用,将自然科学研究成果借用于人类文化领域,形成了科学的人文文化效应;第二是联想与借鉴,人们凭借丰富的联想,可以自由地借鉴任何科学,形成科学的人文文化效应。在科技高度发达的现代社会中,人们之间的协作与配合显得越来越重要,共生已被认为是人类生存的基本定律。随着共生理论研究的不断深入及其在实践中的应用案例不断丰富,可以确定,共生思想和共生理论在人类社会、在社会科学领域将具有更加广泛的应用前景。

第四章
引入共生理论,探索社会科学专业图书馆建设发展新路径

20世纪90年代,在科学技术发展的推动下,人类进入知识经济时代,知识成为独特的生产要素,成为财富的第一要素,知识本身的生产成为社会经济生活的重心。同时,信息、物质和能源并列为世界三大资源。信息资源成为国民经济和社会发展的重要战略资源,在国家经济发展和人们的工作、生活中变得至关重要。而图书馆正是一个紧紧围绕知识和信息才得以存在的社会组织,它"是社会知识、信息、文化的记忆装置、扩散装置。承担着知识、信息存储、整序、传递乃至增值服务的职能。"[①]毫无疑问,走上良性发展轨道的图书馆,在未来知识经济发展中将发挥越来越重要的推动作用。

---

① 吴慰慈,董焱:《图书馆学概论》(修订本),北京:北京图书馆出版社,2002年,第55页。

第一节 共生理论在图书馆事业发展中具有良好的应用前景

综观国内外学者有关共生理论的解析可知,首先,共生是现实社会的诉求。人类社会的最终目标是共生,而竞争只是一种暂时的生存状态;其次,共生存在于自然界及人类社会的方方面面,它具有本体论的内涵;再次,共生具有方法论的价值,它不仅是一种生物识别机制,也是一种社会科学方法,可谓之"共生方法"。基于此,笔者认为,共生的基础是个性与差异,共生的目的与实质是互补与协调。共生具有三个基本特征:交互性、互惠性与开放性。

理论创新的目的在于应用,共生理论亦是如此。作为一个具有时代意义的研究课题,共生理论已经引起越来越多的社会科学工作者的研究兴趣和研究热情。然而,目前共生理论与分析方法在图书馆事业领域的应用还停留在很笼统、很模糊的研究层次,既有研究案例极为零星。这并不是说共生理论不适用于图书馆问题研究,恰恰相反,将共生理论引入图书馆事业研究领域,既是一个新颖的研究视角,也是一个很好的理论分析平台,有利于从根本上解决新时期图书馆事业所面临的发展困难,帮助图书馆继续走上良性发展的轨道。

一、共生理论应用于图书馆事业发展研究的逻辑起点

1. 图书馆具有多方面类似生物的特征

现代研究已经证明,共生导致生物进化,即共生导致的物种创新是生物界发展的基本源泉之一。几次重要的物种突变被认为与共生有着直接的密切关系。而图书馆在许多方面具有类似生物的特征:(1)在自然界的生物圈中,存在一个复杂而有序的层次系统,即生态系统、群落、种群和个体。图书馆事业

圈也具有类似生物界的层次系统,即图书馆生态系统,图书馆群落、图书馆种群和单个图书馆。所以,图书馆事业圈在生态关系、群落形态等方面与自然界的生物圈具有十分相似的地方。(2)图书馆的生存发展如同自然界中各种生物物种的生存与发展,是一种"生态关系",图书馆与环境、图书馆与图书馆的关系,同生物与其环境、生物与生物的关系从本质上看是一致的。图书馆事业中不同系统和个体的关系也是一种相互依赖和相互制约的关系。(3)图书馆作为社会文化的主体,必须要有一定的物质、精神、社会和人文等诸多必要的生存要素,这与生活在大自然中的生物一样,如果脱离了适宜的生存环境,就会濒临灭绝。(4)印度图书馆学家阮冈纳赞在其著名的《图书馆学五定律》中曾形象地指出:"图书馆是个生长着的有机体",作为个体的每一个生物都有出生、成长到死亡的过程,但作为生物组合的特种,则是延续不断的。图书馆也具有与自然界生物物种相同的生存目的,要不断适应变化的环境,使自己获得长久的生存与发展。(5)自然系统内部成员之间既具有优胜劣汰、适者生存的竞争关系,也有协作、共生的关系,图书馆生态系统内部的各个图书馆或图书馆群落、种群之间也具有这种合作与竞争关系。

2. 共生理论在社会科学研究领域已经取得良好的应用效果

如前章所述,源于生物界的共生理论已经在政治学、管理学、经济学、教育学等社会科学的许多学科领域得到广泛应用,并已取得良好的应用效果。学者们将共生理论应用于社会科学研究当中,指导人们按照共生理论的基本原理有意识地、主动地去适应环境的变化,运用共生现象的普遍性观点客观地理解和看待事业发展中存在着的各种相对关系,透过现象看本质,尊重科学,遵循规律,通过建构科学的共生发展系统,实现事业的可持续发展和进步。达尔文曾深刻地指出:"生物之间的互相关系是一切关系中最重要的,生物的进化主要是在生物的互相关系之中。"①已有国外学者发出呼吁,"社会学和生物学为什么不能成为朋友呢?"同理,生物学的理论为什么不能被社会科学广泛应用呢?②笔者认为,源于生物学的共生理论必将在社会科学领域得到越来越广泛的应用,而将共生理论引入图书馆事业研究领域与其在社会科学其他领域得以适用的原理是一样的。

二、共生理论在图书馆事业发展中具有良好的应用前景

纵观我国自新中国成立以来的图书馆事业变迁,可以看到,在计划体制下,图书馆为社会公益事业制度所保护,图书馆经费和资源完全由国家财政划拨,按计划配置。由此阻碍了图书馆,尤其是各类专业图书馆与本馆特定读者以外的更广大社会信息用户的直接联系,不同系统、不同区域图书馆各行其道,相安无事,基本没有竞争和生存的压力。但是在网络环境下,一直被笼罩于"知识殿堂"神圣光环下的图书馆事业面临巨大挑战:长期以来为社会公益事业制度所保护的传统图书馆生存环境不复存在,公共、高校和专业图书馆三足鼎立的我国图书馆事业,条块之间、系统之间普遍存在着争夺读者、争夺信息市场的竞争。美籍管理学大师 P.F.德鲁克有言:"技术发展是促使产业变迁的巨大驱运力量,一些像高校图书馆一样看起来很稳定的产业,在极短时间内就由于市场的变化陷入危机,美国的医疗保健系统、长途电话业等都是在不到 10 年的时间,就从自信本行业具有可靠的稳定性转变到为生存而战。"③事实上,就图书馆事业而言,竞争还不仅仅存在于其事业内部,由于现

---

① 洪黎民:《共生概念发展的历史、现状及展望》,载《中国微生态学杂志》,1996 年第 4 期,第 50~53 页。
② 杨玲丽:《共生理论在社会科学领域的应用》,载《社会科学论坛》,2010 年第 16 期,第 149~157 页。
③ [美]A.沃尔波特:《远程高等教育市场中的高校图书馆》,载《国外社会科学》,2000 年第 4 期,第 87~88 页。

代社会中与图书馆拥有相同业务职能的机构越来越多,图书馆与各种信息机构之间的竞争则更加不可避免。日益加剧的竞争无疑给现代图书馆带来越来越严重的生存危机。此时的图书馆人能否在变化了的环境中辨明和澄清自己的生存状态,找到新时期应对困难、实现发展的科学方略和有效路径,将决定图书馆事业在现代社会中的生存权利与生存机会。

"发展才是硬道理",创新是我们时代的呼唤,也是图书馆事业改革与发展的灵魂。生态学者已鲜明地提示了个体或群体胜利、成功的奥秘,在于他们在这个群体中共生的能力,而不是强者压倒一切的"本领"。与达尔文进化理论中"物竞天择,适者生存"的理念被引入人类社会并借以分析人类社会的生存发展一样,社会共生理论是在形式上借用生物共生理论的某些概念和规律,结合人类和人类社会自身的一些特性来归纳、分析人类社会的现象,寻找人类社会存在和发展的基本规律。[①]面临当前激烈竞争的生存环境,合作、共赢的发展理念已为现代人所广泛接受,将共生理论引入图书馆事业发展研究,较之传统图书馆合作研究,在相对关系意义上的理解将更为深化。以共生理论的视域和范式来解析、研究和破解当前图书馆事业发展所遭遇的种种问题,是一个更具解释力和建构力的新的分析框架,借助于这一理论关于生物界、人类社会发展规律的深刻探究,可将图书馆事业发展研究引向深入。如果说,互联网与信息技术的发展为图书馆相互之间沟通与交流的深化提供了先进的技术平台,那么共生理论则为图书馆适应环境变化,深入探索可持续发展规律提供了一个很好的分析问题与解决问题的理论平台。如同共生理论在社会科学其他学科领域被应用并取得满意效果一样,共生理论在图书馆事业发展研究中也会具有良好的应用前景。

---

① 袁纯清:《和谐与共生》,北京:社会科学文献出版社,2008年,第22页。

第二节　我国社会科学专业图书馆的共生发展之路

改革开放以来,管理体制的改革一直是为我国图书馆界所深切关注的基本问题。体制问题被认为是影响或制约我国图书馆事业发展的首要弊端。如何改革我国图书馆事业现行的管理体制成为图书馆界多年来一直在热烈探讨着的话题。从研究者们发表的文章来看,主要的观点有两种:一种观点是加强集中管理,呼吁建立名称不一的国家行政管理机构来统一管理全国的图书馆事业。即把图书馆事业协调发展的希望寄托在政府行为之上。第二种观点是主张实行集中指导下的分散管理体制。即一方面,政府通过政策和法规加强行业管理,强化图书馆事业的宏观调控;另一方面,强化图书馆法人地位,拓展图书馆经营管理的空间,注重微观搞活。然而,随着我国社会体制改革的不断推进和逐步深化,将图书馆作为一个行业进行统一管理的希望完全寄托在政府行为之上的想法似乎越来越脱离实际。但无论如何,自动化、网络化、社会化已是目前我国图书馆事业发展的主要趋势。有关图书馆事业管理改革的主导思想已经基本形成,包括实行政企分开,推进图书馆事业组织与管理的社会化,减少对图书馆的直接管理等等。总之,宏观管理,微观放活,打破部门所有制和条块分割的传统局面,建立起集中制与分散制相结合的管理体制是现代图书馆事业发展的大势所趋。

一、社会科学专业图书馆走共生发展之路的必要性与可行性

1. 走共生发展之路是社会科学专业图书馆寻求事业进步的一种必要而合理的路径选择

1978年12月,中国科学院制定并公布了《中国科学院图

书情报工作暂行条例》(试行草案),条例指出:中科院文献情报系统由中科院文献情报中心,4个地区性中科院文献情报分中心,以及院属各研究所、各单位的文献情报部门构成,实行"图书情报一体化"体制,并分别规定了各级文献情报机构的任务。1980年,中共中央书记处举行第23次会议,通过了《图书馆工作汇报提纲》,决定在文化部设立图书馆事业管理局,统一管理全国的图书馆事业,要求加强各系统图书馆之间的合作、促进全国图书馆的网络化和现代化。1981年9月,教育部召开全国高校图书馆工作会议,会议讨论了《中华人民共和国高等学校图书馆工作条例》,决定成立高校图工委。1982年12月,文化部颁发《省(自治区、市)图书馆工作条例》。随着教育部和文化部上述两个工作条例和更早些的《中国科学院图书情报工作暂行条例》的制定与实施,使得高校系统图书馆、公共系统图书馆和科学院系统图书馆在不同程度上实现系统内统一协调和管理,系统内的馆际间协作与共享开展得也较为顺利,整体实力普遍增强。相比较而言,我国的社会科学专业图书馆由于行政隶属关系难以统一,且分布地域分散,图书馆各自为政的局面始终难以改变。以地方社科院图书馆为例,这类社会科学专业图书馆内设于不同的地方社科院,呈块状分割于不同的地域。多年来的各自为政、独立建设、独自发展,致使我国社会科学专业图书馆的现实面貌已明显落后于近年来在馆际合作与资源共享方面发展较为顺利的公共、高校图情系统,以及科学院系统图书馆。不仅如此,社会科学专业图书馆目前的服务水平与服务能力与用户需求之间的差距也越来越大。

事实上,就图书馆的资源建设来说,专业图书馆的性质决定了这类图书馆的信息资源体系局限于一个"专门化的主题领域",不得不依靠馆外资源来弥补收藏的不足。正因为这样,在国外,专业图书馆的馆际协作由来已久,专业图书馆的馆际互借与合作开展得最有成效。通过馆际协作注重利用馆外资源是专业图书馆的主要特征之一。①因此,自觉树立共生发展理念,走共生发展之路应为社会科学专业图书馆寻求事业进步的一种必要而合理的路径选择。

2. 走共生发展之路是社会科学专业图书馆实现事业进步最为科学而实际的路径选择

随着社会现代化进程的不断推进,当前的图书馆事业在许多方面都发生了深刻的变化。第一,图书馆的价值观念发生变化。过去衡量一个图书馆的价值主要看它的藏书量多少和馆舍的大小,而随着社会网络化、信息化的发展,信息资源的开发和利用在衡量一个图书馆的价值上所占比重越来越大。第二,图书馆信息资源建设观念发生变化。传统图书馆以印刷型文献为主,现代图书馆则不断增加电子型文献的馆藏数量。电子信息资源正以其传播面广、传递速度快、检索方便、存储量大等优势改变着图书馆的馆藏结构。第三,图书馆用户观念发生变化。过去,每个图书馆都有自己的特定用户与服务对象,网络环境下,用户不再受部门、地区,甚至国别等因素的限制,用户足不出户,通过互联网即可利用各个图书馆的信息资源,其资源利用范围不再受某个图书馆藏书的限制。第四,图书馆服务观念发生变化。现代用户已不再满足于图书馆提供整本图书或整本期刊的传统文献信息服务,而是要求图书馆能够围绕某一专业、某一主题或某一事物提供知识单元和知识信息服务,要求图书馆的服务要向个性化、专业化的知识信息开发和整合的方向上转移。

理论的生命力在于对现实的正确解释并能应用于实践。现代社会飞速发展和变革的现实环境已让我们清楚地意识到:变化了的社会信息环境和读者信息需求改变了图书馆的价值体系和生存路径,馆际壁垒被打破,图书馆与用户之间的互动

---

① 徐引篪,霍国庆:《现代图书馆学理论》,北京:北京图书馆出版社,1999年,第236~237页。

交流日益丰富。开放式发展和整体化建设要求类型各异的图书馆个体必然要在一个系统内相互依赖、相互交换地共生互动而得以成长。袁纯清对于共生的性质已经作了一般性的总结,共生系统是由共生单元、共生模式、共生环境等要素和机制构成的有机系统。共生的本质是共生单元在分工基础上的合作,以弥补单一单元在功能上的缺陷。在互惠共生关系中,各共生单元之间产生着能量和利益的交换并实现能量增长与共同进化。社会科学图书情报事业是我国图情事业整体中的一个分支,是图情事业生物圈中的一员,同时社会科学图书情报工作也是社会科学内部分工的产物,是社会科学的组成部分,从直观上看,其与共生也有着必然联系。因此,我国社会科学专业图书馆立足并发扬自己专业馆的特点,确立"共生发展"的建设理念,自觉依据共生理论的基本原理,主动而积极谋求构建系统和组织共生系统,通过共生单元相互之间的能力互补,创造共生效益,实现事业发展,不但是必要的、合理的,也是完全可行的。笔者认为,理论联系实际,走共生发展之路当为社会科学专业图书馆应对环境危机,实现事业进步最为科学而实际的路径选择。

二、社会科学专业图书馆的共生体系

社会科学专业图书馆及其所从事的社会科学图书情报工作具有双重职业属性。因此,研究社会科学专业图书馆的建设和发展问题,既要在图书情报工作的基本原理之下,考察一般科学图书情报工作的共同规律,又要从社会科学的特点入手,探索社会科学图书情报工作的特殊规律。同时,具体到某一个图书馆,其内部诸要素及其相互作用对本馆的运行必然会产生不同程度的影响。只有从上述三个层面的有机结合上,科学把握社会科学图书情报工作的运行机制,才能客观全面地揭示社会科学图书馆工作的本质特征与内在规律。

共生理论认为,共生单元是构成共生系统和共生关系的基本单位,是形成共生系统的基本物质条件。不同的共生系统中,共生单元的性质和特征是不同的,在不同层次的共生分析中,共生单元的性质和特征也不相同。胡守钧教授在其《社会共生论》中说道,学术界研究社会,常将社会问题划分为宏观的、中观的、微观的,其实都是共生问题,都是社会共生系统的问题。例如,一个国家内各阶级之间是共生关系,在一个地区内各组织之间是共生关系,个人之间的经济往来是共生关系。① 有关社会科学专业图书馆共生问题研究也是如此,如果选择一个图书馆为标志,可以画出宏观、中观、微观三张共生关系图,但是无论宏观问题、中观问题还是微观问题,它们都有着共同的本质,即社会科学专业图书馆要生存、要发展必须解决好共生问题。我们必须正确、客观、全面地处理和协调好宏观、中观、微观三个不同视角、不同层面的共生关系,才能使社会科学图书馆工作在坚实的基础之上获得蓬勃的生机与发展的活力。首先,社会科学图书馆工作是整个图书馆事业的一个分支,要实现自身的发展,需服从并促进图书馆事业的整体进步与发展,要服从图书馆事业的整体规律。谋求构建图书馆事业共生系统当为社会科学专业图书馆探索共生发展之路的宏观之考虑。其次,社会科学图书情报工作是整个社会科学工作的一个组成部分,其必然也要受到社会科学工作的特殊规律的支配,为社会科学研究提供专业化信息服务支撑是我国社会科学专业图书馆的既定职责。为繁荣发展哲学社会科学,需谋求构建社会科学专业图书馆与社会科学研究事业的互惠共生系统,我们亦可视之为社会科学专业图书馆共生发展的中观之考虑。再往下是要建构图书馆内部共生系统,作为一个机构组织,任何一家图书馆都是一个完整的有机整体,其组织内部也会存在

---

① 胡守钧:《社会共生论》,上海:复旦大学出版社,2012年,第19页。

多重共生关系,虽然图书馆内部共生系统在社会科学专业图书馆共生体系中处于相对基层和微观的位置,但是他对图书馆进步和发展所产生的直接作用和影响却不容忽视。

三、社会科学专业图书馆需谋求建构的几种最重要共生系统

1. 图书馆事业共生系统

在自然竞争压力下,不同物种可以通过生态位的分离,即通过特化和多样性的发展,达到共存。所以,物种的绝灭在自然界并不普遍,更多的是由于出现了生态位的分化而实现了物种之间的共存,减弱了物种之间的竞争压力和竞争强度。① 与此同理,对于图书馆来说,即使是同类型图书馆也可以通过资源与能力的微小差异,满足不同类型用户的差异化需求,从而达到竞争者之间的共存与协同进化。社会科学图书情报工作有着自己质的规定性,有自己特定的工作对象与范围,它应该在这种特定的工作对象和范围中谋求自身的完善与发展,充分履行自己的既定职责,发挥自己的既定作用。同时,作为国家图书馆事业整体中的一个重要分支,社会科学图书馆工作有着鲜明的专业化特点,正是可以通过资源与能力的差异与其他各个系统、不同类型图书馆一起共同承担对整个科学事业的信息保障任务。也就是说,作为图书馆事业生物圈中的一员,社会科学专业图书馆不可能也不应该是一个孤立的、封闭的系统,既要努力保持和发展自己的特点与特性,还必须与其他系统以及外部环境保持密切的联系,从中汲取物质、信息和能量,并将自身的能量和信息与之交换,通过彼此协调,实现图书馆事业的整体进步,即在事业共存、伙伴共生的前提下保持自身的发展活力。

---

① 许芳:《企业共生论——和谐社会理念下的企业生态机理及生态战略研究》,北京:中国财政经济出版社,2006年,第130页。

互联网的发展虽然不过短短20年的时间,但已深刻地影响到我们的生活方式和价值观念。在不太遥远的过去,图书馆拥有信息资源并控制着信息资源的使用,而如今,图书馆对内容/信息存取的中心位置和永久性不再保留。图书馆存在价值不再以其拥有的收藏规模和广度来衡量,而是以它为用户提供所需信息的能力来衡量。①美国学者贝克(S. K. Baker)在她编辑的《资源共享的未来》一书的前言中写道:"今天的图书馆正生存在一个相互依赖的时代。进一步讲,每一个图书馆都必须将自己视为世界图书馆体系的一部分,必须摆脱自给自足的状态,必须发现迅捷和合算地从世界图书馆体系中获取资料并送到自己用户手中的方式,必须随时准备将自己收藏的资源提供给世界各地的其他图书馆。"②从现在到2020年,是我国经济社会发展的战略机遇期,也是矛盾凸显期,哲学社会科学在这一关键时期的历史作用举足轻重。大力推进科研创新,繁荣发展哲学社会科学,是当代哲学社会科学工作者的历史使命。改革开放以来的诸多成功经验提示我们,许多重大理论成果往往都是自然科学与人文社会科学相结合才得以形成的,社会整体性问题不可能由局部的学科来解决,必须运用跨学科、多学科的结合来予以解决。在当前哲学社会科学创新工程全面实施和不断推进的过程中,各种新兴学科、交叉学科更大量涌现,涉及多个学科领域,需要跨部门、跨系统联合攻关的重大课题研究日益增多,许多国家级和省级重大科研建设项目都是整合多个地区、多个系统的优质科研力量,联手攻关,打破狭小的服务范围,实现跨地区、跨系统的科研合力已成为当代社会科学研究适应形势发展的现实要求和显著特点。在这样的形势、背景之

---

① 黄长著等:《网络环境下图书情报学科与实践的发展趋势》,北京:社会科学文献出版社,2010年,第72页。
② 黄长著等:《网络环境下图书情报学科与实践的发展趋势》,北京:社会科学文献出版社,2010年,第35~36页。

下,以中小型规模为主的我国社会科学专业图书馆要始终独立面对本院社科研究的所有门类,提高服务质量,完善服务功能,满足现代科研对信息服务的高品质需求,显然力不从心。

因此,无论是着眼于科研创新全方位、高品质的信息需求,还是立足于图书馆自身的长足发展,乃至为推动整个图书情报事业的进步,社会科学专业图书馆积极谋求构建一定范围内的图书馆事业共生系统已经成为其适应环境与读者需求变化的迫切需要。

2. 社会科学专业图书馆与社会科学研究事业共生系统

在自然界,生物的进化都不是单独进行的,而是相互关联的。如在捕食者捕获猎物的效率不断提高的过程中,猎物逃避捕食者的能力也不断提高,由于两者在进化过程中的竞赛,一方成为另一方的选择压力,捕食者的任何改进都会引起猎物的相应改进,因而,在进化过程中双方相互适应的特性得到发展,这就是自然界的"协同进化"或称为"共进化"。① 美国学者J.鲍曼曾就情报与变化的循环流程进行归纳:(1)情报是行动的指南;(2)行动引起变化;(3)变化产生新问题,要解决这些问题,需要对它们进行集中的研究;(4)对问题的集中研究产生新的情报。这种情报与行动之间的循环流转就是现代社会的本质。② 笔者认为,在社会科学图书情报工作与社会科学研究活动之间也形成一种循环流程。即:社会科学研究需要图书情报→社会科学图书情报工作促进社会科学研究效率的提高→社会科学研究效率的提高又引起新的图书情报需求→图书情报系统又以新的措施满足用户新的需求,如此循环往复,不断上升到新的高度。社会科学研究对图书情报的这种源源不断的

---

① 许芳:《企业共生论——和谐社会理念下的企业生态机理及生态战略研究》,北京:中国财政经济出版社,2006年,第112~113页。
② [美]J.鲍曼:《国家的生存:情报和社会研究者》,载《国外社会科学》,1980年第6期,第47~48页。

需求和图书情报系统不断满足科研工作信息需求的流转链，推动着社会科学图书馆与科研工作共同进步，成为保障和促进哲学社会科学不断走向更大繁荣的不竭动力。

相对于自然科学研究，社会科学研究人员需要用更大量的时间去查阅信息资料并进行案头分析。而大量通过文献整理来查找和吸收信息的工作如果都由科研人员自己来承担，不仅费时、费力，且由于其手段和设备的不专业，其结果往往是低效的。专门化的图书情报工作是科学技术发展到一定阶段的必然产物，而社会科学图书情报机构的出现并发展成为社会科学活动中的一个独立部门，从根本上说，也是基于社会科学研究进步与发展的需要。随着社会与科学研究的发展，科研工作对图书情报的准确性、及时性和可获得性要求大大提高，传统的图书情报工作再也无法满足科研人员对信息的需求。于是，一批科学家开始专门从事图书情报工作，不断改进和创新其工作方法和手段，运用专业化服务方式和先进的服务设备，对大量分散、无序的文献信息进行科学搜集、整序、编排，进行不同层次、不同主题的加工、整理，使知识有序化，成为便于检索和利用的学术参考依据，并通过有针对性的、快速准确的信息传递，为科研人员能及时把握学术动态、科学制定科研创新规划、选准突破方向、把握研究时机、提供准确的依据，从而使得科研人员能够将更多的时间和精力专注地投入到研究当中。

社会科学研究的目的是获得对社会现象的正确认识，把握和揭示社会运动的规律，从而指导人们的社会实践。社会科学理论是对社会实践的总结，并主要应用于解决各种社会问题。当前哲学社会科学创新的本质就是要不断针对当今中国的社会现实和当代中国的伟大实践进行理论联系实际的概括，创造出新概念、新范畴、新表述，用以诠释现实，总结实践，为党和国家服务、为人民服务。但是这种创新和超越不是主观臆断，不是编故事，不能违背客观真理和客观规律，既要有鲜明的时代感,也不能割裂历史继承性。在了解、掌握和继承前人研究成果的基础上,结合今天的社会现实和社会需要进行思想理论创新。这样的理论创新必然对信息服务和保障提出了新的更高要求。挑战与机遇并存,有压力才有动力。如同随着社会科学发展到一定阶段而催生了专业化的社会科学图书情报部门,当前科研创新高品质的信息服务需求同样也为社会科学图书馆与时俱进、实现快速高效发展,创造了极大的推动力量。

2006年,美国图书馆协会开展的民意调查表明,92％的用户认为尽管通过互联网能获得越来越多的信息,但他们在未来还需要图书馆。正如有学者认为,图书馆是一个连接人、是知识(资源)和工具的"纽带"。虽然现阶段的学术研究工作也发生了巨大变化。但是学术环境的基本组成却是并没有发生很大变化。学者是知识创造群体中的一员,网络环境下,研究工作虽然也可能独立而高效地完成,但图书馆在其中的作用是将为不同层面和不同领域的学者营造鼓励创造、鼓励创新的氛围。[①]几个世纪以来图书馆所体现的价值及其支撑的服务仍将继续,所不同的是,置身于当前这个日新月异、发展迅速时代中的现代图书馆与科研都更需要协同共进,以更加合理高效的方式来完成各自的任务与使命。

因此,无论是着眼于当前科研创新对信息服务的保障需求,还是立足于要解决社会科学专业图书馆本身的生存矛盾,乃至为推动整个社会科学事业的发展,都有必要尽快建构社会科学专业图书馆与社会科学研究事业高效互惠的共生系统。这是符合自然规律和实践要求的科学选择。

3. 社会科学专业图书馆内部共生系统中图书馆与馆员的共生关系

社会共生是人类的基本存在方式,任何人、任何组织都在

---

① 黄长著等:《网络环境下图书情报学科与实践的发展趋势》,北京:社会科学文献出版社,2010年,第72～73页。

其笼罩之下。整个社会就是一个有层次的共生系统,在这个有层次的共生系统中,社会共生单元包括人、社会(主要指各类社会组织)和自然;而每个共生单元实际上又是一个亚层次的共生系统,由各自相应的共生单元组成。以此类推到每个社会组织。在此,我们将社会共生理论这一学说类推到图书馆。如果把一个实体图书馆看作一个大的共生体系的话,其内部共生系统的基本形态也是如此,亦存在着多元、多层次的共生关系,包括图书馆内部的环境和谐、资源和谐、人与人的和谐以及环境、资源与人的和谐等等。各种共生关系的正向发展,共生单元达到互惠共生,将共同推动图书馆进步与发展。

如果说传统建设理念下的图书馆被束缚在对知识载体的管理活动上,将图书馆的最重要的管理对象定位为书刊资源,并以满足用户的资源需求为目的而开展对资源的收集、整理、加工及服务工作。那么,网络时代,网络资源不再需要经过登记、上架等一系列工序才能提供用户服务,甚至购买后就可以直接用于服务。因此,现在图书馆正逐渐摆脱载体管理的烦琐,图书馆的系列价值活动已经发生或者说正在发生改变。重新审视用户的需求,不难发现当前用户对图书馆的依赖首先来自于其对知识的渴望和追求,这种渴望和追求被物化为对知识资源表象的需求。因此,现在图书馆的价值更多地体现在能够满足用户表象需求的同时,满足用户从知识概念理解、知识推理以及知识挖掘的需求。有学者总结了图书馆未来价值链的基本活动过程,即知识采集→知识组织→知识资源的长期保存→知识服务。[①] 在这条基本活动链中,我们看到知识采集被定位在活动的初始位置上,这意味着未来图书馆的资源采集活动是基于用户知识需求而展开的。

图书馆史专家约翰逊(D. E. Johnsoon)在《西洋图书馆史》

---

① 黄长著等:《网络环境下图书情报学科与实践的发展趋势》,北京:社会科学文献出版社,2010年,第67页。

一书中指出:"在书籍和图书馆的历史中,人的因素始终是最重要的。"①在美国有这样的说法:图书馆服务所发挥的作用,5%来自图书馆建筑物,20%来自信息资料,75%来自图书馆员的素质。从微观上看,每一个图书馆自身都存在着各种各样的矛盾,这也决定了图书馆系统充满了复杂性。但是在图书馆未来价值链中,我们看到了知识采集、知识组织、知识资源的长期保存和知识服务等一系列围绕知识创造而展开的活动。这种变化意味着图书馆工作重心的转移,意味着图书馆对人才需求的重新定位,也预示着适应事业发展需要的人才,也就是与现代化图书馆相匹配的现代化馆员的因素在图书馆未来价值链中的地位和作用更加凸显。人才因素是图书馆诸要素中的主体因素,正是由于他们的参与,图书馆信息资源体系才能不断趋于序化与优化,服务能力与服务水平才能不断提升,图书馆才能被称为一个"发展的有机体"。在未来以知识挖掘、知识服务为主导的图书馆价值体系中,人才因素将处于图书馆事业发展的核心地位。因而,图书馆与图书馆员的共生关系也必然成为图书馆内部共生体系中的主导系统,两个共生单元达到互惠共生将是实现图书馆和谐发展的最强音。

基于图书馆与馆员共生关系在图书馆共生系统中的重要地位,也为提炼观点,说明问题,有关社会科学专业图书馆内部共生系统,本书仅就图书馆与馆员的互惠共生关系的构建作专门探讨。

4. 三个层面共生关系是相互关联的

今天的图书馆事业已经步入一个全新的环境,东西方文化的相互碰撞,社会全方位的重新组合,高速发展的信息技术和数字化信息资源体系,客观上要求图书馆的建设与管理务必实施创新,要以科学理论为指针,以思想解放为先导,在影响图书

---

① 查炜:《社会科学创新中的文献信息服务——社会科学个性化信息服务体系创新研究》,济南:山东人民出版社,2010年,第227页。

馆生存活力的关键要素和问题上探索新途径,实践新方法,并辅之切实可行的制度与措施,保障图书馆有序而高效地运行,并最终实现健康而顺利地发展。

如前文所述,社会科学专业图书馆当前需要积极谋求构建几种最重要共生关系和共生系统,即:宏观层面的图书馆事业共生,在图书馆事业共生系统中,通过共生单元(参与共生的各图书馆)的优势互补实现资源优化,满足服务需求,进而实现图书馆事业的整体进步与发展;中观层面的图书馆与社会科学研究事业共生,由两个共生单元的科学互动,能量互补,从而达到双方的互利互惠,和谐共进,最终实现社会科学事业的整体进步与发展;微观层面的社会科学专业图书馆内部共生系统中图书馆与馆员的共生,选择合适的切入点,实现社会科学专业图书馆与图书馆工作人员的互惠共生,两个共生单元相互依存、相互影响、相互促进,达到协同共进、共同发展,从根本上说,这也是社会科学专业图书馆得以进步与发展的基本要求和基础保障。

上述三个层面的共生系统,存在着结构上的不同,他们各自所针对的问题层面也不相同,需要我们分别给予探讨与研究,发现各自的特征,探索其规律。然而,在这里,我们还需要注意的是,图书馆是一个内涵丰富的有机整体,社会科学专业图书馆建设和发展问题研究应是一个多种问题交织的系统化的理论探究。以共生理论的视角观之,社会科学专业图书馆共生网络亦是一个有机的整体,任何将三个层次割裂开,只作单独层次的分析都是不全面的,正确的做法是:分析宏观问题要兼顾考虑中观问题和微观问题;分析中观问题,要注意从中观层面向上看宏观层面问题,向下考虑微观层面问题;分析微观层面问题要向上看中观层面和宏观层面的问题。这是我们基于共生理论的视角分析研究社会科学专业图书馆生存和发展问题的基本原则。

第五章
图书馆事业互惠共生系统的构建

网络环境下,图书馆面临的严峻现实是:知识总量迅速膨胀,且内容繁杂,载体多样,需要加工、整理、开发的信息数量越来越多,而用户的需要却更有针对性,更加个别化,要求提供服务的范围更广,形式更多,对服务质量的要求更高。此时,任何一家图书馆都不可能再幻想着凭借其拥有多么丰富的馆藏和如何强大的服务能力去满足用户的所有需求。因此,改变过去那种大而全、小而全的传统办馆模式,在"利用第一"的理念指引下,走图书馆事业共生发展之路当为以中、小型规模为主的我国社会科学专业图书馆贴近现实的务实之举。

第一节　图书馆着力于特色化资源建设
　　　　以培育高品质共生单元

由于人的社会性和人的意识能动作用的存在,社会共生自然也会具有一些自身的特点。但是从本质上说,社会共生关系是自然界共生关系的延续,它不否定和改变自然界的共生关系。单元、模式和环境也是社会共生系统的三要素。要建构图书馆事业共生系统,共生单元的培养和发育是首要基础。

一、特色化资源建设是建构图书馆事业共生系统的基础性工作

竞争起因于保存自我利益的行为和攻击性,从生态学的角度来看,竞争是共同利用有限资源的个体间的相互作用。社会组织之间的竞争也更多地发生在生产相似产品的同类机构之间,其目的是为了占有更大的市场份额,争取自身更大的生存和发展空间。在现代社会中,图书馆面临的竞争越来越激烈,按照优胜劣汰的竞争法则,只有在竞争中获胜的图书馆才能被保留下来,实力弱小的单位应没有生存的机会,最后的结果应该是只留下实力强大的图书馆。但是,如果我们关注市场中的企业竞争,就会发现,即使竞争再激烈,市场中总是出现大小企业、强弱企业共存的情况,其原因可以从自然界物种共存的原理得到启示。例如,(1)弱竞争者超前进化:生态学中有活命—饱餐(Life-Dinner)原理,即兔子快跑是为了活命,而狐狸跑快仅是为了获得一餐,兔子跑快的进化压力比狐狸提高捕食率的进化压力要大得多,所以在两者协同进化过程中,弱者总是超前一步适应。不同规模的企业之间之所以能够共存并协同进化也是基于相同的原因,处于竞争劣势的小企业总是比居于竞争优势的大企业抢先一步改进。(2)生命周期差异:如俗话说,船大顶风浪,船小好调头。在自然界中,对于猎物而言,捕食者的体型较大,数量较少,世代时间较长,变异机会也较少,其结果将减慢捕食者对定向自然选择所做出的反应,使其进化速度小于猎物。同理,大企业因为规模较大,数量较少,生命周期较长,变革也不太容易,而小企业则可能是相反的,即进化的速度较快,有更多的变革机会以防御对手。(3)生态位分离:物种的绝灭在自然界并不普遍,这是因为不同物种可以通过特化和多样性的发展,即通过生态位的分离,减弱物种之间的竞争压力

和竞争强度,以达到共存。同理,对于企业来说,即使是同类型竞争企业,企业之间也会通过产品的微小差异,满足不同类型顾客的差异化需求,从而达到竞争者之间的共存与协同进化;等等。

共生理论认为,共生单元是共生系统的主体,也是共生系统的最小构成单位,共生单元之间通过生产和交换能量的方式彼此联系。在任一共生系统中,共生单元之间存在着明确的分工与合作,共生单元的多样性和互补性是共生系统存在的前提。如果只是同类共生单元的同一叠加,共生系统中各共生单元的分工则无法实现,没有多样性共生单元相互之间的能量互补,便无法产生共生利益,而这样的共生关系即便建立,也难以维持。因此,在共生关系的形成中,共生伙伴的选择表现出某种规律性。任何共生单元都会优先选择那些有利于自己功能提高的、能力强和匹配性能好的候选共生单元作为共生对象,而拟共生对象的个性与特色互补显然是最终形成共生关系的最重要着眼点。

透过自然界的物种共存原理,依据社会共生理论,图书馆事业共生系统的建构需由两个或两个以上在资源、能力等方面形成互补的图书馆作为共生单元。社会科学专业图书馆寻求构建图书馆事业共生系统,是出于对共生系统增强自身服务能力与效率的预期和图书馆总体发展目标的考虑。为达到增强竞争能力、为用户提供经过系统整合而优化了的服务,并实现与其他共生单元共同拥有市场、合作研究和开发、共享资源以求得发展的目的。笔者认为,特色化资源建设当为社会科学专业图书馆打造优质共生单元,谋求图书馆事业共生发展的基础性工作。

二、社会科学专业图书馆特色化资源建设的基本原则

图书馆是人类社会发展到一定阶段的产物,它的产生从一开始就与人类文明息息相关,它的发展和演变始终与人类文明进程同步。自公元前13世纪的殷商年代,王室设立了保存典籍的地方(被人们看作是图书馆在我国的萌芽),至今,图书馆在我国已经走过了3000多年的历史,其间经历了古代图书馆、近代图书馆和现代图书馆等三个历史时期。在这个发展过程中,图书馆的办馆方式不断由封闭走向开放,图书馆的社会职能在不断扩大,并相继出现了各式各样的图书馆。这些不同类型图书馆共同承担起图书馆作为社会文化教育机构的社会职能,包括:社会文献信息流整序、传递(信息职能)、开发智力资源与进行社会教育(教育职能)、搜集和保存文献遗产(保存职能)和消遣娱乐(消遣娱乐职能)。①

19世纪末20世纪初,"图书馆事业"一词开始为人们所通用,但在当时,人们往往把"图书馆"与"图书馆事业"两个概念等同起来。然而,那些孤立地行使其职能的单个图书馆,从社会意义上说,还不能算是已经构成了图书馆事业。应该说,图书馆事业是一个体系,是社会共同使用文献的体系。随着社会分工向专业化方向发展,各种类型图书馆也应运而生,只有当社会上各种图书馆的数量、质量、规模、发展速度和组织形式发展成为联系紧密的图书馆整体时,才构成了社会的图书馆事业。这些不同类型图书馆的具体任务和服务对象各不相同,对文献资料的搜集、整理、保管和传播的内容和方式也各有差异。1974年,国际标准化组织颁布"ISO2789—1974(E)国际图书馆统计标准",专门设有"图书馆分类"一章,把图书馆区分为:国家图书馆、高等院校图书馆、其他主要的非专门图书馆、学校图书馆、专门图书馆和公共图书馆六大类型,并对每种类型的图书馆都作了概念性的规定,明确每种类型图书馆的服务对象和任务职责。

---

① 吴慰慈,董焱:《图书馆学概论》(修订本),北京:北京图书馆出版社,2002年,第81页。

我国图书馆事业是由多层次、各个独立的图书馆系统构成，其事业结构是以行政关系为基础、按图书馆领导系统划分并组合而成，包括：公共系统图书馆、科研系统图书馆、学校系统图书馆、工会系统图书馆、共青团系统图书馆、军事系统图书馆。这些不同系统图书馆在社会图书馆事业整体中的任务范围和职责分工互不相同，其中的科研系统图书馆的主体脉络由自然科学专业图书馆和社会科学专业图书馆构成。他们与国外的一些科学图书馆是公共性质的专业图书馆不同，我国的科研系统图书馆基本隶属于不同的科研单位。体制的原因，决定了我国社会科学专业图书馆大都不是公共性质的。例如，地方社科院图书馆，他们是隶属于各地方社科院的内部专业图书馆，基本不对外开放。自成立以来，他们一直担负着为本院科研、地方党委和政府决策提供文献信息保障的职责。在为社会科学研究服务方面，起着"耳目"、"尖兵"和"参谋"的作用。2004年以来，遵循中共中央《关于进一步繁荣发展哲学社会科学的意见》文件精神，各级、各地社会科学研究机构调整主攻方向，在强化基础理论研究的同时，积极围绕促进本地区经济社会发展的现实需要，大力开展应用对策性研究，同时要求地方社科院图书馆顺应形势发展，继续围绕本院、本地区社会科学研究的中心任务和重大课题，担负起专业化信息服务与保障的重任。

综上所述，在整个图书馆事业生态圈中，有着不同系统、不同类型图书馆的划分，而这些不同系统、不同类型图书馆之间存在着天然的或者说是约定俗成的职责分工。作为整个图书馆事业的一分子，社会科学专业图书馆无论选择什么样的发展道路，服从业务分工，完成其专业馆既定的职责都是其必要的前提和原则。因此，社会科学专业图书馆要积极谋求构建图书馆事业高效共生系统，搞特色化资源建设应首先明晰自己的任务职责及其在图书馆事业互惠共生中的战略地位和战略担当，并以此作为其资源建设和发展的原则,进行有的放矢的特色化资源建设。只有通过这样的特色经营,才能扬长避短,合理而有效地开发和拥有属于自己的品牌。这样的品牌特色因为符合自身定位,所以不易被竞争对手模仿,更有着长效生命力。这是社会科学专业图书馆拿到话语权和谋求构建图书馆事业共生系统的重要保证。

三、社会科学专业图书馆特色化资源建设内涵与步骤

传统体制下,图书馆业内好像设计好了国道、省道……大家都在按照规定道路行驶。网络环境下,这样的规则已无法沿袭,高速道口和羊肠小道到处都是,也有了速度快慢和质量高低之分,这就要容别人选择,故步自封不行,安步当车也不行,专业图书馆要把事业发展的话语权牢牢握在手里,唯有抢占专业制高点,走在专业化的最前头。目前,特色资源逐渐为各类型图书馆所重视,各图书馆纷纷提出或已经兴建并形成了自己的特色馆藏资源。我们说,社会科学专业图书馆走图书馆事业共生发展之路,通过特色化资源建设打造高品质共生单元,首先,需要确定自己在图书馆事业共生系统中的战略地位和战略担当。这是为了图书馆的特色化资源建设能够把握正确的大方向,以此为指南抓紧进行自己的专业化特色资源建设。但是,就图书馆特色化建设本身来说,还有必要了解其特色化资源建设的内涵与步骤。具体来说,需要将"特色资源"、"图书馆特色资源"、"社会科学专业图书馆特色资源建设"等相关概念加以明确。

1. 特色资源

在《辞海》中,"特"被解释为"独"、"杰出的"等,"色"被解释为"颜色"、"景象"等。人们可以将"特色"理解为独特的、优秀的色彩和风格。按照《现代汉语词典》的解释:"特色"就是事物所表现出的独特的色彩、风格等。

有人认为,"特色"就是高水平,是"舍我其谁"、"非我莫属"。也有学者定义"特色"为"特色者,个性也"和"稳定的个性风貌"。

尽管人们对"特色"的解释不尽相同,但从一般意义上,我们可将其理解为:"特色"是事物所表现出来的独特的、优秀的个性风貌,是指一定范围内该事物与众不同的独特风格。它是由事物赖以产生和发展的特定的具体环境因素所决定的,是其所属事物所独有的。同时需要注意的是,所谓"特色"不是永远不变的,而是一个不断发展、一个富有动态变化的内容,一个与时俱进的概念。现有的特色在以后也许就不再成为特色。

总而言之,所谓"特色资源",通常是指那些与普通资源相区别的、特殊的资源,它有自己与众不同的特点。

2. 图书馆特色资源及社会科学专业图书馆特色资源建设

特色资源也就是"有特色的资源"。"图书馆特色资源"本身也是图书馆资源的有机组成部分,是图书馆资源这一整体中有特色的那一部分资源。从宏观上理解,图书馆资源中有特色的内容都可能成为特色资源,其中包括信息特色资源,还包括服务特色资源、环境特色资源,等等。

(1)信息特色资源。随着网络与信息技术的发展,信息化代表着现代图书馆的发展方向,信息资源在图书馆资源中所占位置越来越重要。图书馆特色资源也日益信息化,以崭新的面貌呈现给读者。图书馆信息特色资源既包括传统馆藏中的实体资源,也包括现代信息环境下,图书馆可获得并能提供给用户使用的非实体资源,是图书馆特色资源建设的主体部分。当前图书馆界所讨论的图书馆特色资源建设,通常也是以信息特色资源为主体。

(2)服务特色资源。服务特色资源是图书馆的一种非实物资源,是图书馆在服务方面的特色。图书馆通过服务特色资源的打造,从细节上体现本馆的风格与特色。服务特色资源是图书馆特色资源的有机组成部分,推行特色服务是现代图书馆特色化发展趋势的重要表现。

(3)环境特色资源。图书馆环境特色资源主要指图书馆建筑本身的特色,它也是图书馆资源的有机组成部分。图书馆建筑,包括其内部结构与布置,无所不在地体现着一馆所独有的个性化特点。因此,人们不能忽视这部分资源在图书馆特色资源中的地位,环境特色资源无疑也是图书馆特色资源中的一部分。

优化信息资源体系、处理好信息资源的保存与利用,始终是图书馆可持续发展的核心问题。因此,尽管图书馆特色资源包括多个方面的内容,但其中最重要的成分是信息特色资源。什么是图书馆特色资源中的信息特色资源呢?简而言之,图书馆信息特色资源就是一个图书馆所收藏的文献信息资料具有自己独特的风格。这种"独特"有两层含义:其一是指一个图书馆拥有的独具特色的部分馆藏;其二是指一个图书馆总的馆藏体系具有与众不同的特点。我们说社会科学专业图书馆要明晰自己在图书馆事业共生系统中的战略地位和战略担当,明确图书馆的建设方向,通过有的放矢的特色资源建设将自己打造成图书馆事业共生系统中无可替代的共生单元。笔者认为,其当前的特色资源建设应从自己的专业馆的特点出发,首先应以自己现有的专业化特色馆藏资源为基础,着力于信息特色资源建设,并在以后的发展过程中对本馆特色资源建设的内容不断加以丰富和完善,即起步于所谓"信息特色资源"的第一层含义,而将其第二层含义乃至图书馆特色资源的宏观意义作为自己建设与发展的方向和目标。

第二节　图书馆事业共生系统不同共生模式的分析比较

图书馆事业共生系统的共生模式是指参与共生的图书馆

之间的组织结构以及合作方式。共生理论按照组织程度将共生模式分为四种：点、间歇、连续和一体化共生模式。按照行为方式划分为寄生、偏利共生、非对称性互惠共生和对称性互惠共生四种基本形式。人们研究共生模式的要旨，在于研判何种共生模式具有最大的效率，从而将其作为共生关系所要追求的目标模式，共生的效率应该视为中心问题和判断基准。建构图书馆事业共生系统，共生模式及其共生效率是理所当然的核心。

一、四种共生组织模式效率分析

1. 点共生模式

点共生模式是图书馆事业共生系统最原始、最不稳定、随机性最强的共生关系。这个阶段，共生单元图书馆的联系较为松散，共生单元对于彼此也不一定是唯一的关系。也就是说，形成的点共生关系没有特定的指向性。在点共生模式下，共生单元图书馆之间只是依靠简单的协议和合同来维系彼此资源和信息的流通。这时的合作系统还没有形成稳定的协同机制，系统的组织协调性很低，利益分配模式也没有固定下来，组织管理程度很差，也很难形成一个可以依赖的共生介质，种种局限性极易导致共生体形同虚设，甚至瓦解。以当前图书馆联盟实践为例，图书馆联盟的最初形式往往是其各成员馆以创造价值为纽带，以资源共享为原则，以共同发展为目标的简单合作关系。这种简单的原始合作方式就可以称之为"图书馆联盟的点共生关系"。

2. 间歇共生模式

共生系统的间歇共生关系可以看作是多个点共生关系的集合。图书馆事业间歇性共生反映的是共生单元图书馆之间间歇式的合作与联系过程。这时的共生单元图书馆之间的合作关系在时间上还不连续，所以称之为"间歇性共生关系"。间歇性共生是一种不同于点共生的新的共生关系。它克服了点共生模式中的随机性特征，指向性更加明确，但仍然是属于不确定性和不稳定性共生关系。共生单元图书馆之间的联系不连续、组织协调性较差、利益分配关系不明确，没有反映出共生单元联系的必然性。

3. 连续共生模式

与前两种共生模式相比较，连续共生在组织程度上已经相对高级，同时体现了更为明显的进化特征。在利益层面上，各个共生单元保持一致。即有一种稳定的共生介质进行物质、信息、能量和价值的传递。这对于某一个单独的图书馆来说是不可能存在的，从而使共生单元图书馆都可获得超过各自独立经营的收益。这一阶段，共生单元图书馆间的沟通、交流方式和途径更加多样了，系统的组织协调性更加顺畅，利益分配关系更加明确，各种协同机制也可以顺利实施。举例来说，"十一五"期间，在国家科技部委的大力推动下，我国各省区都先后建起了跨系统的科技文献信息共享平台，整合集成本地区高校、科研图书馆和其他一些信息服务机构的科技信息资源，实现了本地区科技信息资源的共建共享。这种跨系统的区域图书馆联盟就是一种基于科技信息资源共享的连续性共生模式。但是，连续性共生模式还不是共生关系的最佳模式。

4. 一体化共生模式

图书馆共生系统的一体化共生模式是一种极端的共生形式，它反映了共生单元图书馆之间的一体化交易关系。一体化共生模式下的图书馆共生关系已经由外部发展到内部，不同类型的图书馆能够在一体化共生的作用下演化为具有共同特质和结构的共同体。在一体化共生模式下的图书馆共生系统中，共生单元图书馆之间的流动都是在共生系统内部进行，包括物质、信息、能量、人力、资金的流动都是共生系统内进行的。共生单元图书馆之间的协作、协调都非常顺畅，利益分配十分合理,组织管理统一有序。所以说,从组织角度看一体化共生关系是一种最有效率、凝聚力最强且最稳定的共生关系。因此,一体化共生模式是最为高级的组织共生模式,也是图书馆共生系统组织模式发展的目标模式。

目前,港澳台地区的公共图书馆普遍实行总馆分馆制,香港公共图书馆系统共有 67 个分馆;澳门"中央图书馆"由 1 个总馆和 7 个分馆构成;台北市立图书馆由 12 个区、55 个分馆构成。他们的总馆与分馆是同一个馆。这样的管理模式是从本地区各级各类图书馆的整体出发,力求通过建设图书馆服务网络将全区图书馆联系在一起,形成一个统一的、联系紧密、组织有序、功能清晰、管理规范的图书馆资源共享与服务的有机服务体系,共同为全区(市)的市民提供图书馆服务,从而获得区域范围内图书馆向社会整体输出的最大效益。对区域图书馆发展来说,这种管理模式至少体现三大好处:一是为区域图书馆带来协同效应;二是降低基层图书馆的成本,提高效益;三是提升图书馆行业的社会认知度。这种总分馆模式正是体现图书馆事业一体化共生模式的实践范例。

2002 年 12 月 26 日,"北京市公共图书馆计算机信息服务网络"正式开通。该服务网络是以首都图书馆为中心馆和数据处理中心,以区县图书馆为分中心,以街道乡镇图书馆、社区(村)图书馆(室)为远程用户的图书馆四级联合服务网络。实现了全市各级公共图书馆的联合检索、馆际互借、资源共享的"一卡通"服务。截至 2014 年 5 月,北京"一卡通"联网成员图书馆已覆盖包括北京市中心图书馆——首都图书馆和 22 个区县级图书馆,159 家街道乡镇图书馆及部分社区(村)图书馆(室)。读者办理一张联合读书卡,即可以去所有联网成员图书馆进行书刊借阅,并享受其所提供的其他附加功能。[①] 2005 年

---

① http://www.bplisn.net.cn/网络介绍。

12月18日，深圳市、区公共图书馆全部实行联网，读者前往深圳市图书馆或者6个区图书馆注册办理一张借书卡便可在以上7家图书馆进行书刊的通借通还。① 近年来，总分馆模式在我国城市化程度较高和一些经济较发达的地区陆续得到推广运用，各地也由此创造出了许多具有自身特色的图书馆联盟共享模式。但是，由于以上国内公共图书馆目前实施的总馆分馆制，是不同图书馆之间的联合体，并不改变参与图书馆的行政隶属、人事和财政关系。因此，它不同于港澳台地区的总馆分馆制，也不构成一体化共生模式，还只能看作是连续性共生模式。

笔者认为，港澳台地区图书馆一体化共生模式下的总馆分馆制成功经验，符合我国图书馆事业发展的需要，是新时期图书馆发展的必然趋势，具有强大的生命力。

二、三种共生行为模式效率分析

1. 寄生模式

寄生的概念来自于自然界的寄生关系，是一种特殊的共生模式。即寄生者完全依靠寄主的经营状况而得以生存。换句话说，如果寄主的经营状况良好，则寄生者分享其利益，而当寄主因经营不善或者遭遇危机而濒临倒闭，则寄生者也失去其生存所依附的条件。寄生模式下的图书馆共生系统中，物质、能量一般只是单向的从寄主图书馆流向寄生图书馆，不产生新的共生能量，寄生图书馆所消耗的能量与寄主图书馆产生能量的速度决定着寄生关系的长短。寄生关系并不一定对寄主有害，但是由于仅存在寄主向寄生者的单向交流，寄生关系只有利于寄生者进化，不利于寄主进化。因此，这样的图书馆共生关系在实践中难以形成，更难以维持。

---

① 余胜：《深圳市公共图书馆图书"通借通还"全面开通》，载《图书馆论坛》，2006年第2期，第166页。

2. 偏利共生模式

偏利共生是从寄生性共生向互惠共生转换中产生的一种较为特殊的共生关系。这种模式下的图书馆共生存在双向资金、技术、知识和信息的交流,能够产生新价值,但是这种新价值只向某一共生单元转移,即共生系统中的某一单元图书馆获得了全部新价值,而另一方则没有。总体来说,偏利共生模式下的图书馆共生系统对一方共生单元有利,对另一方无害。在这样的共生关系中,共生单元之间往往缺乏信任感,也难以产生积极的双向激励动力。因此,这样的共生关系也是不稳定的。例如,在我国图书馆联盟建设实践中,有相当数量的联盟建设是在主管部门的主持下,借力于行政手段的强力作用而构建起来的。具有行政管理权限的主管部门为了扶持其系统内的弱势馆,一般都会通过制定倾斜与扶持政策要求联盟中的强势成员为其输血。此类图书馆联盟即为偏利共生模式下的图书馆共生关系。

3. 互惠共生模式

在互惠共生模式下运行的图书馆共生系统,通过优势互补,产生协同效应,实现价值和能量的增值。该增值部分通过共生系统内部的合理分配,实现联盟目标,并能更进一步促进共生单元的互惠共生。互惠共生模式下,共生单元之间存在双向的利益能量和利益交流机制。新能量来源于共生单元之间的分工与协作,共生单元图书馆责任分担,利益共享。根据共生体中各个共生单元的贡献以及在共生利益分配上是否公平和对称,还可以将互惠共生模式细分为对称性互惠共生和非对称性互惠共生两种。前者是不同共生单元获得的比例一样,具有对称性的能量分配机制,使得不同的共生单元获得同等的能量积累和进化机会,是有效率的共生状态;后者是一方获利较多而另一方获利较少,存在着非对称性的利益分配机制,它将导致不同的共生单元能量积累产生差异,形成共生单元的非同步进化,是较低效率的共生状态。可以将对称性互惠看作是均衡状态,把非对称性互惠看作是非均衡状态。图书馆事业共生系统所应追求的所谓最佳的"良性互动"应该是一种对称性互惠的均衡状态,也是共生效率最优状态。对称性互惠共生是所有共生关系中凝聚力最强,也最为稳定的共生形态,在形态、功能上是所有共生行为模式中最高级的。但是这种理想的模式类型在实践中很难达到,仍需要从非对称性互惠共生向对称性互惠共生的高效模式升级。

图书馆建设经费的高效利用和实现图书馆信息资源的高度共享而构建图书馆事业共生系统,显然,不可能是单独图书馆的个别从事的行为,拟共生单元图书馆一定要联合起来共同建设。同时,资源共建、信息共享也不是一个单纯的公益行为,投入的成本和获得的利益是需要考虑的重要因素。由于共生单元各成员馆经费来源、馆藏基础、设备条件等方面各有差异,因此,必须解决好成员馆之间的利益分配机制,达到相对平衡,以利于调节各方面的积极性。共生发展的哲学也不是利他主义,而是要互惠互利,按照效率优先、兼顾公平的原则,确立各成员馆为权利与义务均衡的主体,激发其参与共生系统的积极性。只有这样才能使共生关系得以持续发展。互惠共生模式是图书馆共生系统行为模式演进和发展的目标类型和目标状态,对称性互惠共生模式是理想的共生行为模式。

第三节 建构图书馆事业共生系统所必需的环境保障

共生单元以外的所有因素之和构成共生环境。根据环境对共生单元的影响,可将共生环境分为三种:第一种是对共生单元起激励和积极作用的正向共生环境;第二种是对共生单元既无积极作用,也无消极作用的中性共生环境;第三种是对共生单元起抑制和消极作用的反向共生环境。在社会共生关系建构过程中,往往通过体制、制度、法制建设和思想道德建设来改革和消除种种不利于共生关系发展的不和谐因素。无论是体制、法律等制度性因素,还是道德、风俗、宗教等意识性因素,既是人、自然以及社会存在和发展的环境,也是各个社会组织之间、人与自然之间、人与社会之间进行利益和信息传导、交流乃至分配的通道和介质,用社会共生理论术语来说,就是社会共生体系的共生界面。因此,从这个角度看来,社会共生系统的共生环境和共生界面基本上是统一的。① 遵循共生理论的基本原理,在社会共生关系的建设过程中,根据主动性和渐进性原则,改革共生界面,进行体制等改革的努力方向主要体现在两个方面:第一,减少一些体制性障碍,提高社会共生界面效率,加快共生关系形成和建设步伐;第二,改变社会共生界面非对称分配因子,体现"公平与公正"的价值取向,以实现合理的分配状况。面临图书馆事业的重要转型期,社会科学专业图书馆要改变各自为政传统格局下,"大而全"、"小而全"的办馆模式,凸显个性化与特色化以打造专业优势,走图书馆事业共生发展之路,共生环境的保障和促进作用亦必不可少。

一、明确图书馆行政主管部门的定位和作用

2008年2月,党的十七届二中全会通过《关于深化行政管理体制改革的意见》,要求按照政事分开、事企分开和管办分离的原则对现有事业单位分3类进行改革:"主要从事公益服务的事业单位,要强化公益属性,整合资源,完善法人治理结构,加强政府监管。"这样,由国家财政出资保障的各类型图书馆改革的目的与方向进一步明确起来。然而,仅就图书馆的"公益性"而言,社会上一直存在着一个观念上的误区,似乎"公益性"

---

① 袁纯清:《和谐与共生》,北京:社会科学文献出版社,2008年,第35页。

就是政府完全承担图书馆服务。其实,图书馆的"公益性"体现的仅是图书馆社会价值的一种取向,目的是保障和满足用户对于知识信息的需求。政府的义务仅是保证服务提供并得以实现,换句话说,就是政府的重要职能不在于提供产品,而在于为保障产品的生产和服务目的的实现创造一个良好的环境。

内设于各社会科学研究机构内的我国社会科学专业图书馆的管理主体可以说是多元化的,在多元化的管理主体体系中,处于主导地位的是图书馆所隶属的母体单位。以地方社科院图书馆为例,地方政府财政通过社会科学院向其图书馆划拨经费,保障图书馆的基本建设和正常运转。图书馆接受社科院的行政管理和领导,并对其负责。但这并不能理解为社科院(或可直接理解为地方政府)就是图书馆的唯一管理主体。政府或社科院合理的角色定位应是其图书馆的设立者、所有者、宏观管理者及监督者。他们对图书馆行使行政管理权毋庸置疑,但是在图书馆的业务管理上应强调放权搞活,充分调动图书馆自主管理的积极性。当前,图书馆要突破条块分割的传统体制束缚,谋求图书馆事业共生发展,需科学调整并明确社科院作为其行政管理部门在图书馆业务建设方面的督导定位与作用,可以尝试实现四个转变:一是由"管制型"向"服务型"转变;二是由无限责任向有限责任转变;三是由集权行政向分权行政转变;四是由行政管理向公共管理转变,在决策中充分发挥用户和专业咨询委员会的作用,保障决策的科学性。也就是说,行政主管部门既要忠实履行应尽的职责,确保对图书馆建设与服务的基本投入和制度供给,又要注意权力归位,防止"大包大揽"、"管办不分",应强调微观放活。这是社会科学专业图书馆走共生发展之路必不可少的外部促进力。

二、完善适应图书馆事业共生发展的内部治理机制

就我国图书馆事业现状而言,尽管随着网络化、信息化环

境与技术的发展,跨地区、跨系统图书馆间已有了共生发展的冲动,但是要付诸实践,却存在诸多方面的困难,而缺乏必要的制度保障是其中的重要方面。以地方社科院图书馆为例,在现行体制下,图书馆不具有法人资格,无法实现不受约束的自主管理,也难以自主办理有关业务。图书馆要与时俱进,承担起科研创新的信息服务与保障重任,探索图书馆事业共生发展之路,并尽可能少走错路和弯路,除了在外部管理上要求科学确立图书馆行政主管部门的定位,合理发挥其作用,还需要从实际出发,创建及完善相关内部治理机制,为社会科学专业图书馆寻求共生发展建构必要的内部环境与制度保障。首先,应积极争取图书馆自主管理的权限与范围。当前,可以成立图书馆委员会或咨询委员会作为其业务决策机构,对于图书馆专业领域的重大事项和决策,可采取先咨询、后决策的方式,以适当提高图书馆自主管理的权限,而这一举措也有利于提升图书馆管理水平,增强决策的科学性。其次,在争取扩大图书馆自主管理权限与范围的同时,务必最大限度地保障决策的客观与公正。为此,有必要采取和完善相关配套措施。例如,在图书馆内部管理中,可尝试建立以下五种机制:一是问责制,就是要建立一套相应的制度,要求行政管理部门与图书馆管理层向特定主体解释说明其行为,为其行为负责,对其要求做出回应。二是参与机制。我们倡导治理主体的多元化,那么就需要建立一套相应的制度,使得参与治理的各方能以多种形式、通过不同渠道广泛便捷地参与图书馆的治理。三是公开机制。大量的实践证明,通过对参与公共事务管理的有关主体行使权利的信息和行为公之于众,可以增加其透明度,使一些事务管理中长期难以解决的问题,通过公开有关信息很快就能取得令人满意的成效。图书馆可参照此种路径,提高馆员及相关人员对图书馆业务发展参与热情,集思广益,共同促进事业的发展。四是监督评估机制。监督评估机制包括对图书馆管理和提供服务的行为过程、结果进行监督与评估的有关主体,规范化的监督评估途径和方式,以及一整套监督评估制度。这一机制对于图书馆治理过程中出现问题及时纠错、促进图书馆治理的不断改善都十分重要。五是沟通协调机制。在高度分化的社会环境中,实现良好治理的一个重要基础是有关各方达成共识。而良好的沟通与协调是达成共识的必要保障。首先,参与图书馆治理的各主体之间需要沟通协调;其次,图书馆治理主体与利益相关各方也要进行充分而有效的沟通与协调;再次,社会科学专业图书馆走共生发展之路,有必要同参与共生的各共生单元图书馆之间就合作中可能或已经出现的问题进行及时沟通与协调。

第六章
社会科学专业图书馆与社会科学研究事业互惠共生系统的构建

胡守钧的《社会共生论》将社会共生关系归纳为三大类：两个（或多个）主体之间资源交换型的共生关系；两个（或多个）主体之间同一资源分享型的共生关系；两个（或多个）主体之间同一资源竞争型的共生关系。也就是说，无论哪一种结构共生关系的建立都离不开资源纽带。要建立资源交换型共生关系，双方必须拥有对方需要的资源；要建立对同一资源分享型的共生关系，双方必须同时需要这种资源，并且存在这种资源；要建立对同一资源竞争型的共生关系，双方必须同时需要这种资源，并且存在这种资源。关于"资源"，胡守钧释义说："资源乃是指在一定的时间、地点、条件下，能产生某些效能以满足人之需要者"。[①]

我国的社会科学专业图书馆隶属于不同的社会科学研究机构，科研用户的信息需求就是这类专业图书馆服务工作的出

---

① 胡守钧：《社会共生论》，上海：复旦大学出版社，2012年，第63、61、7页。

发点和归宿。在传统思维模式下,社会科学专业图书馆与社会科学研究人员的关系,往往被片面理解为是基于文献信息的提供与被提供关系。事实上,信息的传递与交流一般是按照"信息→传递者→接收者"这样的模式进行,并不断循环往复,一直上升到更高品质的信息开发、获取、传递与接收、利用。这里的信息接收者即为"信息用户",信息传递者就是为用户提供信息服务的图书馆,信息资源与用户是信息交流系统中的两个重要支柱。图书馆信息需求者,即图书馆的用户从来就不是游离于图书馆服务系统之外的附属物,而是构成完整的图书馆信息服务系统的有机组成部分。由此看来,社会科学专业图书馆与其所服务的科研用户之间天然地存在共生关系。特别是在现代信息环境下,文献信息数量激增,分布分散,对信息的有效利用变得更为困难。现代图书馆信息服务工作已直接参与到科研创新过程中,并不再局限于一般意义上的文献收集、加工、存储和提供利用,而是要为科研工作设计提供各种专门化的信息定制服务,甚至可以说科研创新的本身就是信息服务的过程。图书馆信息服务水平直接关系到科研创新的成果质量。同样,科研创新日益旺盛的信息需求也为图书馆服务水平的提高、服务质量的改进不断注入新的活力,在促进当前社会科学专业图书馆进步与发展的过程中发挥着更加有力的促进作用。如本书前章所述,在图书馆事业互惠共生系统中,各共生单元图书馆应形成资源互补,具有个性化差异的资源经过整合共享,产生共生利益。应该说,图书馆事业共生系统是基于资源整合后形成的分享型共生关系。而通过上述分析,我们也可以判定:社会科学专业图书馆与社会科学研究之间存在"能产生某些效能以满足彼此之需要者",图书馆与科研构成共生关系,这种共生关系是一种资源交换型共生关系。

第一节　图书馆着力于读者价值的增加以培育高品质共生单元

一、图书馆的读者价值

图书馆的读者价值概念源于营销学领域的顾客价值理论。顾客价值理论被广泛用于指导企业组织制定竞争战略，进行产品创新或服务创新的实践活动。自20世纪90年代以来，营销学者对顾客价值的研究不断深化，译瑟摩尔（Zeithmal）从顾客心理的角度提出顾客可感知价值。格隆罗斯（Gronroos）从关系营销的角度阐述顾客价值，在顾客价值概念中增加关系要素并开始从动态的角度对顾客价值进行研究。伍德鲁夫（Woodruff）从顾客价值认知变化的角度阐述顾客价值。他不仅是以动态的方式来研究顾客价值，而且完全站在顾客角度去考察顾客对价值的认知。菲利普·科特勒（Philip Keteler）从顾客让渡价值和顾客满意的角度来阐述顾客价值，在顾客价值的研究中导入价值期望，对总顾客价值和总顾客成本进行细分，是顾客价值研究的一大进步。虽然各学者研究的出发点不尽相同，也得出了各自的结论与观点，但他们对顾客价值本质的认识是一致的。首先，企业应真正站在顾客的角度上看待产品和服务的价值，这种价值是由顾客决定的，而不是由企业决定的；其次，顾客价值是顾客对产品或服务的一种感知，紧密联系于产品或服务的使用过程，它基于顾客的个人主观判断；再次，顾客感知价值是顾客所得与所失的一种比较，是顾客权衡的结果。①

当我们把图书馆视为一个经营体，即可发现图书馆与企业

---

① 王洁慧，胡筱华：《顾客价值战略在高校图书馆读者服务中的运用》，载《图书馆学刊》，2010年第10期，第74～76页。

有很多相似的结构和运作环境,虽然图书馆不像企业那样是营利机构,但图书馆也追求其社会价值和经济效益,图书馆同样存在自己的价值链。他的业务活动紧紧围绕那些对知识有需求的用户增加价值而展开,从资源收集到最终提供给有需求用户的服务整个过程便构成了图书馆的价值链。对于图书馆而言,读者就是顾客,图书馆提供给读者的各种信息资源和各项信息服务为读者创造了顾客价值。既有研究已经证明,将顾客价值理论引入图书馆事业发展领域,可用以指导图书馆分析读者需求、开展创新服务、全面提升工作质量,使图书馆的服务更加契合于用户需要。

一般而言,图书馆的读者价值是相对概念,是指读者在利用图书馆文献资料或服务过程中获益,图书馆的文献信息服务工作在向读者提供资料、信息与服务过程中,其工作的劳动价值能快速准确地转移到读者身上(读者通过接受图书馆的文献信息工作的服务使自己劳动力价值提高了,或劳动技能增长了,或脑力获得延伸),并通过读者面向社会让渡自己劳动力的使用价值时,能为社会创造出更大的价值。图书馆读者价值也不是由图书馆决定的,而是由读者决定的。它是读者在使用信息资源和接收信息服务过程中经过利益权衡和主观评价而获得的一种感知顾客价值。

二、读者价值的增加是检验图书馆与科研共生系统质量的重要指标

早在1966年,美国专门图书馆协会前主席赫伯特·怀特就已明确指出:"专门图书馆是图书馆的一种形式,它根据任何特别确立的传统和方法,把用户需要和满足这些需要的服务目标置于维护图书馆服务的原则之上。"[①]进而言之,"用户的需要"是专门(专业)图书馆服务的最高原则,而不管是否符合图

---

① 彭俊玲:《专门图书馆研究》,北京:中国书籍出版社,2006年,第16页。

书馆传统工作模式。解读图书馆读者价值理论可知,图书馆读者服务工作做得好不好,完全取决于读者的感受。如果图书馆自己认为服务质量好,却实际上满足不了读者的需求,这样的"服务创新"和"优质服务"实际上是无效的。十多年来,我国一些社会科学专业图书馆不能与时俱进,既有信息服务水平与保障能力已难以满足当前科研创新的需求。究其原因,在很大程度上是由于图书馆没有认真体会新时期科研范式的改变,没有对变化了的科研信息需求特点作深入思考,从根本上说,是没有意识到读者价值的增加才是检验其服务质量的最重要指标。

以地方社科院图书馆为例,在条块分割的行政管理体制和传统信息服务环境下,本院科研人员是各地方社科院图书馆的既定读者和主要服务对象。拥有既定用户,在经费上又享受着国家财政保障的我国社会科学专业图书馆一般感受不到竞争的压力,一直以"本馆为中心"为读者提供文献信息服务保障。然而,随着当前社会信息化程度不断提高,数字图书馆崛起、信息市场形成、信息咨询业蓬勃兴起、许多成功的商业搜索引擎不断推出新的服务内容……一个不争的事实是,社科院的科研人员获取信息更加容易,获取信息的障碍由过去时间和距离上的障碍转变为内容选择上的障碍。网络环境下,人们更加关注的是如何从海量信息中获得有价值的、能直接用于解决问题、攻克科研难点的知识。信息环境变化而导致的读者信息需求特点及信息获取能力的种种变化,对于尚处于故步自封状态下的地方社科院图书馆来说,不了解读者的实际需求,更谈不上对读者价值的追求,一味只埋头于传统范式下"以本馆为中心"的图书馆经营,其结果只能是读者流失的现象不断加剧。

事物的存在和发展首先要明确其定位问题。只有准确定位才能有所作为,有所不为。在互惠共生系统中,共生单元之间必须首先存在必然的物质、信息或能量联系。这种联系,表现为共生单元之间按某种方式进行物质、信息或能量交流(或统称为资源交流),以弥补单一共生单元在功能上的缺陷,促进共生单元的共同进化。社会科学专业图书馆要谋求建构与社科研究的高效共生系统,首先要想方设法增强图书馆服务与科研需求的匹配性能。而致力于读者价值的提升,从直观上看是要求图书馆提高服务质量。如果基于共生理论视角对价值进行分析,笔者认为,图书馆要增强与科研的匹配性、产生共生利益,就必须强调读者价值的增加,读者价值的增加是检验图书馆与科研共生系统质量的重要指标。因此,社会科学专业图书馆要锻造高品质共生单元,走与科研共生发展之路,必须重视读者价值,建立能够为读者带来价值的信息服务体系。通过提高与实现读者价值,实现与提高图书馆的管理价值,并随着读者价值的增加而逐步形成与科研用户之间互动的价值链。

三、图书馆以读者价值为导向的信息服务体系的构建

1. 影响图书馆读者价值的因素

美国学者Weingand通过对图书馆的实证研究,将信息用户价值分为四个层次:基本价值、期望价值、需求价值和未预期价值。图书馆的基本价值是收藏各种类型的信息资源提供读者使用;图书馆的期望价值是图书馆内部所有的可以提供信息需求帮助的馆员和整洁安静的学习环境;图书馆的需求价值是本馆没有的资料可以通过本馆的服务而得到,如网络检索、馆际互借、文献传递等等;图书馆未预期的价值是图书馆通过个性化服务、网络服务等手段既满足了读者的显性需求,也满足读者的隐性需求来实现的。总之,对图书馆读者价值产生影响的因素主要来自于读者和图书馆两个方面。

(1)来自读者方面的因素。来自读者方面的因素主要与读者利用图书馆的主观预期、接受图书馆服务的实际过程和结果有着密切关系,具有主观性、动态性、比较性、潜在性等特点。主观性,即读者在接受图书馆服务过程中,对图书馆的资源状

况、服务状况、人员状况等等与涉及图书馆及其服务各个方面的因素都会形成一定的看法与评价,这是一种基于读者自身主观上的认知。因此,这里的所谓"主观性",就是指读者在利用图书馆、体验图书馆信息过程中,在主观上形成的对图书馆的总体评价。动态性,是指来图书馆接受服务的读者对同一图书馆所提供的服务和产品的期望值不尽相同,同一读者在不同时间的期望价值也不相同,有的偏重于图书馆的服务质量,有的则侧重于图书馆的服务效率,有的关心费用上的耗费情况,有的关心可能要耗费多少时间、精力,也有的读者对价值的感知在服务前后会截然不同。因此,这里的所谓"动态性"是指图书馆读者价值因个体差异和使用环境的差异,会导致产品属性、结果和目标发生相应的变化。比较性,即读者都希望图书馆提供的信息服务能够尽量体现周到而快捷。如果他们在时间、精力、体力和财力上的投入相对较少的情况下能够获得令人满意的信息服务,自然就会对图书馆产生较高的评价。反之,则会抱怨,对图书馆的服务产生不信任感。因此,这里的所谓"比较性"是指来到图书馆的任何读者都会在不同程度上对自己的"所得与所失"进行比较,即在图书馆获得自己最需要的信息、知识的同时,希望为此而耗费的财力、精力、时间降到最少,从而使自己的价值得到最大化实现,并据此做出对图书馆服务的总体评价。潜在性,即任何一个图书馆的现实读者相对于社会上的所有读者来说总是有限的,同时,受读者自身信息能力和需求表达能力的影响,在很大程度上抑制了读者的信息需求,造成大量潜在需求的存在。有了潜在的需求,也就有可能产生相应动机和欲望。如果具备了获取能力,时机也成熟,且图书馆能够提供他们相应的产品和服务,潜在读者就极有可能转化为现实读者。可以说,现实读者是图书馆生存和发展的前提,而潜在读者则是图书馆可持续发展的动力和源泉。因此,这里的所谓"潜在性"指的是:读者价值不仅表现为当前的需求价值,还包括各种看不见的潜在价值以及在未来可能创造的价值。

(2)来自图书馆方面的影响因素。来自图书馆方面对读者价值会产生影响的因素包括图书馆主观上的服务理念、客观上的服务技术与设备条件等等。

①图书馆是否了解读者。一方面,图书馆作为社会公益事业,其经营长期受到国家体制的保护,不带有明显的竞争性,无论其读者的感知价值如何,它也不会轻易遭到淘汰;另一方面,受制于信息技术的不发达,读者即使在需求得不到很好满足的情况下想另投他家也难以实现。因此,图书馆对读者价值的反应淡漠,是否了解读者显得无关紧要。但是,随着整个社会乃至图书馆事业本身的开放化程度不断提高,有越来越多的信息服务机构可供读者挑选。网络环境下的信息用户在有信息需求时,首先会考虑选择那些让渡价值大的信息产品和服务。而图书馆要增强自己的让渡价值、提升读者价值,从根本上说,是要重视读者研究,更多地了解和感知读者的需求,从而围绕需求设计服务方式和服务内容。

②图书馆的技术和设备条件。先进的服务技术和设备是图书馆从事现代化服务、提高读者价值的物质保障。如果图书馆信息技术含量高,服务的硬件设备先进,能够及时、准确地为读者提供满足其需求的服务,就能为读者创造出更大的价值。如资源更新快,信息提供效率高,信息分类科学合理,服务的交互性、自助性强等,这些基于先进技术和设备保障下的高质量服务,让图书馆有能力为读者提供方便、快捷而专业的服务。

③图书馆文化。图书馆文化是指图书馆在长期社会实践过程中所创造和积累的物质文化和精神文化总和。其中,精神文化是图书馆文化的核心内容,它是图书馆在日常活动中形成的,为全体成员普遍认同并共同遵守的价值标准、行为准则、工作目标和宗旨、基本信念、理想等。优秀的图书馆文化可以提

高图书馆服务品质、营造良好的图书馆形象,读者在购买和使用信息产品和服务时,更愿意选择整体形象好的机构。润物细无声,图书馆文化对读者的影响虽不会立竿见影,但其中所蕴含的价值、产生的影响却是深远的。优秀的图书馆文化、良好的图书馆形象,不仅可以吸引读者,并且可以提升读者价值。

④图书馆品牌。创立图书馆的特质、塑造独特的文化品位才能在同质化的竞争市场中脱颖而出。图书馆的品牌定位能够直接有效地在读者心目中树立独特的形象。图书馆无论大小,只要在资源、服务上形成特色,就有可能创出品牌,吸引读者。于是,品牌对于图书馆的发展来说,其战略意义越来越重大。图书馆品牌的实质是要不断提高读者的满意度、忠诚度,提升读者价值,保障自己的核心读者群不易流失,取得良好的社会效益。

⑤图书馆对成本的控制。成本管理是企业经营管理的重要组成部分,为了能在低价格的基础上获得利润,企业必须首先获取成本优势。成本优势的形成就是由于能够比竞争对手更有效率地从事特定的活动。在新的事业环境下,图书馆成本管理工作应由传统观念向现代效益观念转变,把更多的价值让渡于信息用户。图书馆只有不断控制自己的总信息用户成本才能把更多的价值让渡于信息用户。也就是说,图书馆越能控制成本,读者所获得的利益就越多。

2. 建构以读者价值为导向的图书馆信息服务体系

图书馆要应用读者价值战略指导本馆的服务,需持续关注并深入了解读者的心理和需求,用全新的服务理念和服务方式,为读者提供个性化、主动化、人性化的优质服务,建立以读者价值为导向的管理体系。要在明确管理创新的基本内涵与实现创新目标的科学定位之后,基于"读者价值"寻求信息服务过程的价值观重塑与服务流程、品质评估的重新设定。还要通过厘清图书馆的服务宗旨与既定职能,确立切合本馆用户的信息需求,合理配置本馆资源,进而对图书馆工作人员的行为进行有效控制和导航,保证一切工作与程序围绕读者服务而运作,一切资源建设与管理也朝着有益于调动与发挥读者价值的方向而运作。

(1)树立现代图书馆信息服务理念。图书馆应用读者价值指导本馆的服务,前提是要实现服务理念和服务观念的创新,要树立"以读者为中心"的服务理念。将"以读者为中心"作为自己服务的出发点和归宿,满足读者的合理需求,为读者提供多元化、全方位、深层次的服务,以追求读者的发展和价值的实现为己任。图书馆员应将对读者的尊重、了解和信任融入到日常工作当中,要重视读者在图书馆的内心体验和真实感受。在图书馆树立"我为人人,人人为读者服务"的服务原则,将读者本位、服务本位的理念贯彻到图书馆的各项工作中。

(2)做好读者调查。图书馆读者调查是图书馆工作人员通过调查研究的方法,把握读者队伍的基本状况,了解读者对信息的需求和他们利用图书馆的程度,请他们对图书馆的工作做出评价,征求他们对图书馆的意见和要求,并且对调查所搜集到的读者反映进行数量和质量的统计和分析,从中研究读者工作规律,为改善图书馆读者服务提供科学的依据,也为主管部门领导图书馆事业提供有价值的咨询。读者调查是图书馆与读者和谐关系建设的重要指南,它有利于指导图书馆科学构建特色、发展特色、提升竞争力,从而也是图书馆提升读者价值,增强社会影响和社会效益的有力手段。[①] 图书馆要应用读者价值指导图书馆的工作,务必要将读者调查当成一项重要的工作做好做实。图书馆任何一项服务创新项目的上马和实施与否都应以读者调查的统计分析为主要依据。

(3)创立本馆品牌。从宏观上说,图书馆生存和发展的基

---

① 余国军:《探讨高校图书馆读者调查的应用价值》,载《图书情报论坛》,2012年第5期,第63~66页。

础是社会的需要;从微观上说,这个基础则是用户对图书馆的认知,认知是可以诱导的。图书馆通过创立品牌,通过品牌服务能更大程度地唤起人们对图书馆的关注,争取更多的潜在读者,吸引读者更多地利用图书馆的资源和服务,从而使读者价值增加。一个图书馆能够通过自己的某种独特性:或者是一定的规模或馆藏,或者是某一特色服务,或者是某一独特的信息产品,等等,在同行业中形成优势。这种优势就是该图书馆的品牌。图书馆向用户提供的服务是一种过程和行为,是图书馆工作人员与读者在接触中表现出来的一种动态的活动。图书馆完善的服务包括热情、周到的借阅服务,准确、迅速的咨询服务,积极、主动的推介和指导服务,以及接受读者各种申诉、意见和要求的即时服务等等。但是要成就一种品牌,仅有这些还不够,服务的极致在于给人以惊喜,即服务超出用户的想象和预期的结果,这是一种超附加值的劳动。工作人员的服务态度、服务水平、服务技能等专业表现能使用户感受到服务品牌的承诺。图书馆服务品牌是无形资产的积累,它以高尚的职业道德和高质量的服务,构成了图书馆在市场上的认同度、信誉度,增加了图书馆经营的附加值。一个深入人心的品牌是图书馆服务的最好标志。创立图书馆品牌特色是社会科学专业图书馆塑造图书馆形象的重要内容,是传播图书馆形象的一种极好载体。图书馆的美誉度高、形象好,其辐射力和竞争力便会不断增强,并借助品牌特色不易被竞争对手所模仿的优点,实现读者价值的创造、增加和传递。

(4)培育新型人才队伍。网络环境下,科研人员的信息获取能力和需求特点在改变,科研用户不再满足于传统的借借还还的服务方式,要求图书馆的服务工作向广度和深度发展。这对图书馆是一次严峻的考验,其馆员都面临着新型角色的转换,馆员队伍的知识结构与能力状况关系到图书馆能否为用户提供满意服务,更为高效地提升读者价值。一方面,馆员应具有良好的职业道德,继续发扬爱岗敬业、无私奉献的精神;另一方面,要求馆员应具备多层次、全方位的知识结构,既要有精深的图书馆学专业知识,又要有广博的其他学科知识,尤其需要具备较高的计算机和网络信息检索与服务水平,以便于将存储于层出不穷、形形色色的现代载体中的各种有用信息快速、准确地提供给读者,不遗漏任何一个信息闪光点。图书馆要建立以读者价值为导向的人才培养战略,要努力营造一个能够吸引人才、留住人才、有利于团队成员施展才华和最大限度地发挥其智慧、能力的氛围,要想方设法,采取多种措施优化馆员的知识结构,培育新型人才队伍,以保证图书馆在不断变化的现代环境中实现可持续发展,达到既满足读者需求,又能提高图书馆的品牌档次、知名度以及社会效益的多赢目标。

(5)创新信息服务工作流程。"传统服务模式"与"现代服务模式"是现阶段并存于图书馆工作当中的两种模式。在"传统服务模式"下,图书馆以"本馆为中心",基于"本馆所拥有的实体馆藏"为读者提供信息服务。而在"现代服务模式"下,图书馆借助先进的信息技术,用虚拟馆藏为读者提供更宽泛的服务内容。图书馆应用读者价值理论指导工作,无需呆板地拘泥于某种模式,而应根据自己专业馆的特点,以读者为中心,创立能最大化满足科研读者需求的新型服务流程。即要针对自己的主体用户务实创新信息服务工作流程。这样的流程设计,应以满足用户的专业化信息需求,提高读者满意度为总体目标。以"始于读者需求,终于读者满意"为流程设计基本原则,要能够围绕读者需要形成一个可持续改进与创新的服务体系,要为实现图书馆读者价值最大化创造持续、健康发展的环境与条件。

(6)提升组织能力。对于图书馆来说,"组织能力"指的是作为一个信息服务单位的图书馆及其馆员为满足读者需求,利用现代化技术和手段,通过特有的管理方式和方法,将图书馆信息资源、网络资源及服务向读者进行推广，以实现更高的服务效益和达到更高的服务质量的能力。① 提升图书馆组织能力的根本就是以读者价值为导向，提升读者利用图书馆的意识，激发读者需求，挖掘本馆资源价值，促进图书馆服务创新。在新的环境下，图书馆能否实现有效的服务创新，能否赢得更多的读者、实现图书馆价值，与图书馆的组织能力息息相关。首先，图书馆要善于发现和挖掘读者需求，提倡馆员与读者思想的互动与调整。图书馆应牢固树立以读者为导向的服务理念，大力引导馆员发挥聪明才智，加强责任感、使命感，处处为读者考虑。还要在馆员队伍中增强竞争意识，提高服务效能，激发读者的信息需求。其次，要着力于读者与馆藏文献信息的互动与调整。图书馆要想方设法发现读者的兴趣，吸引读者参与到图书馆资源建设中来。再次，要推动读者与馆员学科知识的互动与调整。在以读者价值为导向的管理体系中，图书馆馆员不仅要充分了解读者信息需求，还要在此基础上对各种类型的信息资源进行选择、分析、整合、重组，要既能够向读者提供其所需要的显性知识，更要想方设法挖掘信息中的隐性知识，并要注意在提供各项服务的同时，认真听取读者反馈的意见，以利于及时调整和提高。

第二节　图书馆践行"学科化"服务，建构与科研互惠共生模式

人类社会信息交流的需要是图书馆产生的前提，图书馆事业的进步与发展始终与人类文明的进步与发展同步。不断由封闭走向开放是图书馆发展的必然趋势，图书馆的职能也随着社会的发展而不断扩大。传统图书馆的核心能力和首要职责

---

① 喻华林，熊菊敏:《读者导向下的图书馆服务与创新》，载《图书情报工作》，2012年第6期，第71～74页。

一直被定位为"通过文献信息资源的组织、检索和传递而实现的信息服务"。"能否为用户提供其所需要的文献或信息"也一直被当作评价图书馆服务水平的主要指标。在现代社会中,信息资源不均衡及其获取困难发生了革命性变革,信息检索与传递已逐渐成为人们日常生活中的一种实用技能,从而极大削弱了专业信息服务机构在信息主渠道中的中介地位。在此情势之下,图书馆为了适应环境,保障生存与发展,需要迅速改进与充实服务内容、调整并打造新的核心能力。1999年,汪俊发表论文《论知识经济与图书馆的知识服务》,开创了国内图书馆界知识服务研究的先河。自此,知识服务开始走入图书馆人的研究视野和实践范畴,知识服务所关注的焦点和最后评价标准是"图书馆能否帮助用户找到解决问题所需要的知识"。也就是说,图书馆的传统信息服务只为用户提供基本"材料",而知识服务则是为用户提供由"材料"加工成的"产品"。图书馆知识服务直接针对目标用户的知识需求,抛开知识载体问题,直接切入知识层面,开展知识的收集、加工与传递,为用户提供有效支持知识应用和知识创新的知识导航服务。

一、新时期社会科学专业图书馆的核心功能:"以学科为中心开展知识服务"

从事哲学社会科学创新研究的是一群具有深厚学术背景的专业人员,他们比普通读者具备更高的信息素养。在多年从事专业研究的过程中,他们甚至掌握了比图书馆更为丰富的专业资源获取线索与获取途径。因此,那种被动迎合用户需求的传统信息服务方式在社会科学专业图书馆中受到的冲击与挑战则更加猛烈。国家科技图书文献中心袁海波主任专门分析了科研创新用户的信息需求特点:从事创新研发用户的需求已从单一的文献检索传递服务发展为需要深度数据挖掘、内容分析和知识发现服务,以及需要各类信息进行综合集成的个性化、知识化的服务。① 这就是说,科研创新所需要的是能为科研人员提供融入一线、切入问题、面向解决方案、贯穿于科研全过程的具有信息集成、知识挖掘等增值属性的图书馆主动服务及信息满足机制。广东社科院信息中心主任罗繁明研究员也曾形象地表述:"人类的知识激活后成为情报,情报重构后转换为新知识,情报的活力在于促使知识不断地开拓创新,这就是知识创新研究中情报的价值。"② 目前,理论界对于图书馆知识服务的普适性尚存在争议,虽有学者指出,未来图书馆服务将以知识服务为旗号,知识服务成为图书馆区别于其他信息机构的显著特征。关于"知识服务是否适用于所有类型图书馆"、"是否所有类型图书馆都应将知识服务作为自己的发展方向和工作重心"等问题,还有待深入研究和进一步商榷。但笔者认为,将知识服务视为新时期社会科学专业图书馆的核心服务功能却是事业发展的必然选择。

二、社会科学专业图书馆实施"学科化"服务,实现与科研的互惠共生

"学科"是现代高校和科研单位从事学术研究重要而基本的组织单元。从发生学的角度而言,它是科学发展到一定阶段的产物。教育组织行为学认为,组织有任务、结构、技术资源与人四个要素。通过维持特定任务实现组织目标。一方面,科研单位的学科与高校一样,都是组织形态的学科,其学科组织包含学科发展目标、学者、学术信息和学术物质资料等组成要素。其中,学术物质资料是学科发展的基础条件,是学科组织的"物化"平台,也是学科实力与水平的象征。这个平台包括研究资

---

① 袁海波:NSTL 的建设与发展愿景[EB/OL]. http://wenku.baidu.com/view/b5a9ea0002020740be1e9b88.html。
② 罗繁明,陈娜:《情报向知识创新成果转换探析》,载《情报资料工作》,2012 年第 2 期,第 28～31 页。

金、设备与图书馆资料等。由此可知,科研单位的图书馆天然地与学科发生联系,二者是一种协同关系。① 另一方面,从图书馆的专业化性质着眼,隶属于各社会科学研究机构的我国社会科学专业图书馆信息服务本身即具有学术研究导向的价值和意义。这是其既定职责中的主要成分,为科研服务、为学科建设服务则可以说是以社科院图书馆为主体部分的这类专业图书馆为其存在所作的重要"辩护"。因此,社会科学专业图书馆致力于读者价值的提升、开展知识服务,当以学科为中心,将学科确立为提供服务的基本单元。

"学科化"服务作为社会科学专业图书馆读者服务工作的一项重要举措,是一项开拓性的、主动参与式的创新服务内容。它要求馆员一改过去坐等读者上门的被动服务状态,主动深入到学科用户中去,提供必要的学科资源,开展学科信息导航服务。个性化、专业化、知识化是图书馆"学科化"服务的基本原则。影响学科制度的形成与发展因素是多方面的,而图书馆以学科为中心而进行的知识服务,即"学科化"服务意在为学科生长与发展提供强有力的信息服务支持和保障,在客观上起到了促进学科制度优化的作用。我国社会科学专业图书馆由于自身的性质、特点和功能,决定了其在本单位学科制度建设中的独特地位与作用。在其"学科化"服务的过程中,文献信息资源的建设程度与模式,导读服务的方式,馆员从事学科服务的理念以及图书馆围绕学科服务而进行的数字化、网络化建设等等,无不对学科发展起到促进作用。在我国的高校系统,图书馆文献资源保有量与利用率目前已被列入学科评价的指标体系,从而也折射并印证了图书馆对学科建设的重要价值。客观地说,图书馆"学科化"服务在一定程度上起到了引领学科发展的作用;在促进学科进步和延伸的过程中,学科服务满足了学

---

① 汪春芳:《学科制度:高校图书馆学科服务研究的新视角》,载《鸡西大学学报》,2012年第10期,第154~156页。

科的需要;而针对特定学科进行的文献保障、定题服务、学科导航等工作则更为直接地为学科的发展提供了硬件保障措施。

学科建设是现代科研单位发展的重要内涵,由上述分析可知,图书馆围绕学科建设而推进"学科化"服务,是科研学科发展的重要保障,但是,同样是基于学科建设作为科研单位发展的重要内涵,开展学科化服务事实上也是现代科研对社会科学专业图书馆的现实要求。这就决定了学科服务不是单向度地作用于科研学科建设,反过来,学科建设和发展也指导并作用于图书馆服务工作,保障和促进社会科学专业图书馆的发展。例如,学科制度使学科组织成员中的绝大多数人产生相对一致的预期,促进学科共同体的有序发展,这就必然在物的层面上促进馆员与科研学科组织开展有益的互动,使资源配置趋于合理;再者,学科建设和发展不仅规定了图书馆学科服务的方向与效能,基于学科发展的共同目标,学科组织客观上也担当起了科研与图书馆协同共进的载体。如果说,社会科学专业图书馆与科研共生,着力于读者价值的提升以打造高品质图书馆共生单元,那么,践行"学科化"服务则是从专业馆的实际出发,提升读者价值,建构图书馆与科研共生系统,并达到互惠共生模式的良好切入点。

三、社会科学专业图书馆"学科化"服务实现路径

十多年来,有关图书馆服务创新的探讨不断走向高潮,成为图书馆理论研究的热点。虽然各种观点见仁见智,但是通过服务观念的更新,带动服务内容、服务手段的创新,最终达到服务质量、服务水平的提升这一基本思路已经清晰,一些先进的服务模式也已经得到广泛认同。然而,有关图书馆服务创新的实践却远远落后于理论研究的进程。到目前为止,许多先进的理念与模式还停留在不少图书馆(特别是中小型图书馆)对今后工作的展望当中。根据国家社科基金项目"图书馆核心竞争

力"课题组最近的一项调查统计显示:"知识服务仍然是图书馆服务中较为薄弱的环节。"①因此,社会科学专业图书馆要推行学科化服务,顺利实现其核心功能的转变,实现与科研的互惠共生、协同共进,当前除了要进行必要的理论创新研究,更为重要的是要理论联系实际,抓践行、抓落实,将先进的服务理念和服务方式落实在工作中。

具体来说,图书馆"学科化"服务,即为图书馆围绕本单位"学科"制科研组织,以学科为中心组织开展知识服务。作为一项开拓性的、主动参与式的创新服务,学科化服务不仅强调只有具备专业知识的人才具备相应的从业资格,更强调这种服务要深入到用户中去,融入到用户学习和科研的全过程,即时提供必要的学科资源,开展学科信息导航服务。中国科学院国家科学图书馆以用户需求为导向,以个性化、学科化、知识化服务为手段,不仅开设了重要学科的信息门户,还为各学科、各研究所配备了专门的学科馆员。其主要服务内容包括文献信息查找、学科资源推介、文献咨询解答、课题跟踪服务、信息利用指导等。这种学科化服务,融入科研一线,面向科研创新基地、研究所、研究室、课题组和个人,进一步拓宽了图书馆服务范围,深化了服务层次,提高了文献信息资源利用率,加快了科学交流和信息传播速度,使图书馆的服务更直接、更有针对性、更好地服务于科研创新,体现了图书馆专业化图情服务给予现代科研的极大促进作用,彰显出专业图书馆在科学事业发展中的价值。可以说,"以学科为基础,致力于知识服务"的学科化服务,是现代专业图书馆发展和成熟的必由之路。当然,这也是一条十分艰巨的路,就我国社会科学专业图书馆现状而言,要实施和推行学科化服务还需要下大力气在图书馆内部业务组织结构和人才结构等方面进行必要的调整与改革。

---

① 于春莉:《基于信息服务的图书馆核心竞争力研究》,载《情报资料工作》,2012年第1期,第89~92页。

1. 学科制：图书馆内部业务组织的改革与创新

"书是为了用的；每个读者有其书；每本书有其读者；节省读者的时间；图书馆是一个生长着的有机体"。半个多世纪以来，阮冈纳赞的"图书馆学五定律"一直指引着图书馆的实践。图书馆广泛收集、深入开发文献信息资源，是为了充分、快捷地满足用户需求，为用户的需要和利用而服务。同时，图书馆内部机制也将随着社会的发展而不断变革，实现以用户需求为动力的可持续发展。

图书馆的内部业务组织结构是以图书馆的目标、功能和活动为依据，以图书馆流程结构为基础，以图书馆信息人员为主体而形成的一种结构。它常常随图书馆类型的不同而不同。① 新中国成立以来我国图书馆内部业务组织演变，可分为以下几个时期：20世纪60年代以前是文献采编工作主导时期，这一时期确立了采编工作在图书馆传统业务中为最能体现图书馆学专业知识和技能的工作环节之一；70年代是文献整理工作主导的时期，图书馆增设了以编制文献目录、索引为主要职责的机构；80年代以后是参考咨询工作发展时期，图书馆纷纷设置参考咨询机构，开展参考咨询服务，并普遍认为这项工作是图书馆中学术性最强的服务工作；90年代后，参考咨询工作首先在一些条件较好的大学图书馆、科研图书馆中开始进入基于学科馆员与领域专家的知识参考咨询服务的新的发展阶段。作为一个信息服务组织，图书馆的业务组织架构及功能分布必然是围绕文献信息管理与服务而设置的，如采编部为承担文献采访、编目工作而设，流通部和阅览部为提供借还书服务和接待读者阅览而设，参考咨询部则为向读者提供咨询和培训服务而设，还有为保障图书馆计算机网络系统建设和正常运转而设的技术部等等。事实上，图书馆的发展与其内部组织创新和变

---

① 徐引篪：《现代图书馆学理论》，北京：书目文献出版社，1999年，第159～160页。

革有着一种本能的联系,两者互相依赖、互为因果,表现为一种互动关系。概览图书馆内部组织的演变过程,可以说,每一次变革都不同程度激活了其基层业务组织的活力,而若从发展的视角观之,图书馆内部组织的创新实际上也是其功能和业务发展的本能要求。

现实中,我国社会科学专业图书馆内部组织模式和职能划分基本是依据图书馆的传统服务模式设置,通常采用科层制的管理方式。这一模式以书刊文献藏、借、阅等功能的高度分流为本质特征,各部门之间、书与刊之间、借与阅之间在职能与管理上都有着严格的分工。与这样的内部组织结构相适应,在馆藏文献总体布局上,也多以文献载体类型为标准划分书库或阅览室。这样的馆藏布局与内部组织结构,使得不同载体类型的相同学科或同类文献信息散见于多处,既不方便图书馆管理,也不方便读者利用,还造成了服务工作与研究工作的分离。例如,在图书馆中,"流通部"的主要业务职责是承担图书的借还,虽然也被要求提供咨询和导读服务,但是由于工作人员为维持本部门的正常运转而常年埋头于借借还还的繁琐业务当中,无暇充电,加之一些历史原因,造成流通部人力资源多是低层次的人员,更由于这一部门的窗口性质,以至于连累图书馆也被外界误认为其所从事的工作无非就是书刊资料的借借还还,什么人都能胜任,使得流通部的服务大多停留在较浅的层面上。相反,如参考咨询部这类具有研究功能的部门又不具体承担文献流通业务,实际上是把研究从服务中剥离出来,使文献研究和信息开发基本游离于图书馆服务工作之外,其结果是参考咨询工作因缺乏与读者进行面对面的沟通与交流,导致没有需求的对应与拉动而显得少有生机和活力,如同摆设一般。总之,在传统理念影响下,目前我国大多数社会科学专业图书馆内部组织设置存在明显的弊端。在新的形势与环境之下,这一模式下的内部组织设置已不能完整地承载其学术性服务机构的使命和任务。

不同规模、不同类型的图书馆组织结构不尽相同,为了适应新的功能需要,图书馆的组织结构也在不断调整。学科制作为一种基于学科组织而建构起来的学术组织结构与学术运行机制,是现代科研最基本的学术组织制度。这个制度对于致力于为科研服务的科研图书馆来说,同样有效和适用。就社会科学专业图书馆而言,所谓"学科制"业务组织首先是要为其"学科化"服务的开展打造必要的组织承载平台,通过对内部业务组织的"学科化"调整,保障"学科化"服务的顺利实施。要求图书馆借鉴科研学科制度,对传统的内部组织进行改革,以学科、任务与平台三个要素构成学科制的框架,重组图书馆业务流程,解构图书馆基层组织,整合文献信息资源和人力资源,使馆员根据学科知识背景和知识服务的任务汇聚在不同的学科组织平台上,除保留必要的基本服务项目之外,要求馆员人人进学科,归属学科组织管理,成为一个个知识服务团队。不同的学科文献信息基地和组织平台为研究和服务提供必要的支撑环境与条件。总体来说,任务是学科制运行的核心要素。

西方发达国家图书馆当前的内部组织变革,已呈权力下放、基层组织分权、管理中心下移的大趋势。这样可以充分激活图书馆内部组织的活力,让服务主体充分、自由地活跃在学术研究、知识管理和知识服务的最前沿,并不断提高图书馆服务创新能力。而我们所提倡的"学科制"业务组织调整正是符合了这样的管理理念。与图书馆传统的内部组织结构相比较,学科制业务组织能充分体现为科研服务、为学科服务的专业图书馆的组织特性,保障图书馆的组织功能得以充分发挥;学科制业务组织有利于图书馆形成高效低耗的运作模式,实现信息服务的敏捷反应,有效提高知识服务能力;学科制业务组织模式有利于将图书馆的信息开发、学术研究和知识管理与服务集中在学科组织载体上,从而提高知识资源的使用效率,实现图书馆服务效益的最大化;学科制业务组织也有利于把图书馆改造成学习型组织,实现知识的共享互动,推动馆员的自我成长,提高图书馆自主创新能力和学科服务水平。就现实维度而言,我国社会科学专业图书馆基于学科的知识服务要顺利实施,其内部组织进行"学科制"变革和创新势在必行。[①] 基于我国社会科学专业图书馆的现实状况,要顺利实现学科制内部业务组织变革,图书馆需抓好以下四个方面的重组:

(1)馆藏布局重组。这是图书馆实施内部组织学科化改革的基础。在馆藏布局上要改以往的"以藏为主"为"以用为主"。也就是说,图书馆馆藏信息资源的收集、加工、存储和利用都应以方便用户为原则,应想方设法地把读者禁入的书库改造成为受读者喜爱的书房。例如,以学科为基础,文献布局采取藏、阅结合的办法,按学科门类或知识体系开辟不同的阅览专区,既方便图书馆的学科化服务,也便于读者专业化的利用。实践中,一些高校图书馆为配合学科服务工作的开展,通过建立学科分馆模式集中组织与管理学科资源,从而为学科研究人员提供更加前沿化、全面化、快捷化的专业信息服务。针对地方社科院图书馆以中小型规模为主、服务面与读者群都较为窄小的特点,可以考虑用学科专业化馆藏布局替代学科分馆模式。图书馆将同一学科、同一专业的不同载体文献及信息资源集中排列在同一区域,实行藏、借、阅一体化管理。这种专业聚焦的馆藏布局能够满足读者一站式阅读需求和阅读心理,也便于馆员深入、细致地了解馆藏学科资源和读者需求,快速提升学科服务水平。在此基础上,实施有的放矢的服务创新,拓展个性化服务内容。例如,为重点用户建立需求档案,实行跟踪服务等。

(2)组织机构重组。这是图书馆实施内部组织学科化改革的前提。作为一种新型的图书馆基层组织模式,"学科制"要求

---

① 吴涛,王关锁:《图书馆科学发展的理念与实践》,北京:中国书籍出版社,2013年,第50~52页。

改变传统图书馆内部金字塔性的"科层制"管理结构,提倡组织扁平化,减少组织的层次结构,把员工组织成具有强力调和作用的工作团队,以学科为依据,以有利于知识交流、共享、融合聚集和集成服务为原则,建构学科组织。学科组织可根据知识服务的方向设立若干服务团队,每个团队由具备相同学科知识背景并能实现专长互补的图书馆员组成,大家共处于一个共同的工作领域和服务平台,不断交流碰撞,以利于新的知识产品和服务成果的不断产出。

(3)工作流程的重组。这是图书馆实施内部组织学科化改革的基本手段。将现代信息技术应用于图书馆原有工作流程的改造,有些工作流程会因此而被调整、分化、合并,有些工作流程的原有功能会因此而被弱化,甚至被取消。与此同时,一些符合学科化服务特点的新的流程也会因此而创立和产生,并且它们的作用还会不断得到加强。图书馆工作流程的重组也要突出和关注读者价值和"以人为本"的现代服务理念,总的原则是要简化用户接受服务的流程,甚至简化到可为用户提供机会实现自主式服务。图书馆经过业务流程重组,许多原本枯燥乏味的工作流程将可整合在计算机系统中,使劳动力得到极大的解脱,使得馆员可以有更多的时间和精力从事图书馆本质而核心的工作,从而逐步将工作内容和工作重心从对文献的流通转为向用户提供知识服务这一目标模式上来。

(4)人力资源的重组。这是图书馆实施内部组织学科化改革的核心。馆员是图书馆工作的承担者,是使文献信息与用户发生联系的中枢和纽带,是使信息资源的潜在价值变为现实的关键。在现代图书馆服务当中,图书馆员担负着知识服务和信息管理的双重重任,他们是将信息转化为知识的中介。从这个意义上说,图书馆员是图书馆活动中最为活跃和积极的因素。因此,如何让馆员个体在图书馆组织中找到归属感,让个人与组织合理互动、协同发展,从而不断增强组织活力,促进馆员队伍业务技能的不断提升,实现图书馆学科化服务的既定目标,是图书馆内部组织改革所必须认真思考的问题。

2. 学科馆员制:图书馆人才结构的改革与创新

"学科馆员"制度最早产生于美国研究型大学图书馆,当时被称为"跟踪服务"(track service)。"学科馆员"制度是指以学科为对象,依托具有图情专业学科背景,又拥有某一类学科的专业知识,熟悉图书馆馆藏结构和资源利用手段,具有较强的信息捕捉和组织加工能力的图书馆高级专门服务人员,与某一学科建立对口服务的模式。学科馆员制度的推行,将促进图书馆工作与科研活动更有效地融合,它对促进图书馆信息资源交流、提高信息资源利用率和为科研服务的能力,并最终实现图书馆与科研的共生发展都具有重要意义。

学科是科研组织的核心细胞,是科研单位的基层学术组织。社会科学研究机构的一切工作都与学科建设有关,图书馆当然也不例外。社会科学专业图书馆开展基于学科的知识服务,并进行相应的内部组织改革与创新都是基于现代科研所强调的学科建设和发展的需要,而围绕学科馆员制度进行人才结构创新也是出于相同的考虑。学科馆员制度要求专业图书馆必须由"以本馆为中心"、"以本馆业务管理为中心"向"以用户为中心"、"以满足用户信息需求为中心"的现代服务理念和管理形态转变。而这一制度的本身所具有的学科性、研究性和服务性特征也使得这一制度的实施将有效促进图书馆员的服务能够深入科研当中,形成与科研的良性互动,实现图情服务与科研工作的协同发展。因此,学科馆员将是社会科学专业图书馆学科馆员制得以落实的承载者,是学科化服务得以落实的重要内容,而以学科为基础的"学科制"新型组织架构则可成为社会科学专业图书馆学科馆员制的载体。

学科馆员制度在20世纪末被引进我国,由清华大学图书馆率先推行,经过十多年来的探索和发展,这种国际图书馆界先进的办馆理念和全新的服务模式已经在国内一定数量的高校和专业图书馆中运用。从各馆推行这一制度的服务成效来看,虽然各馆在运作方式、发展模式等方面不尽相同,具体内容也各有侧重,但是均取得了一定的成果。该制度的推行,一般强调三点,即"抓重、扶新、布点"。所谓"抓重"即图书馆要基于本单位重点发展和已具备相当优势的学科,集中力量组织一批学科服务实力较强和本单位发展联系紧密的重点学科馆员团队,有针对性地开展文献信息服务;"扶新"即图书馆摸底本单位科研发展的新趋势,如近年来大力提倡的跨学科研究或已有一定基础的新兴学科的要求,扶持建设一支符合现代科研发展趋势的新兴学科馆员梯队;"布点"指图书馆对需要发展但还没有布点的学科,以超前的眼光和超常规的办法,通过强化培训和专门引进等手段快速积聚相关学科信息资源和学科馆员人才。

然而,"学科馆员"制度起源于高校图书馆,目前比较成熟的经验也大多来自于高校图书馆。就我国目前大多数社会科学专业图书馆而言,无论是在馆藏资源、人才结构,还是在服务对象、服务内容等方面都与高校图书馆存在差异。社会科学专业图书馆要建立和推行"学科馆员"制度,也要充分考虑到这些差异的存在,其当前推行学科馆员制度,需要学习和应用相关先进理论,吸收借鉴既有先进经验,还应注意从实际出发,因馆制宜务实设计实施方案,努力探索与本单位及本馆特点相一致的学科馆员个性化发展策略:

(1)对"学科馆员"的资格不搞一刀切。"学科馆员"并非谁都能干,对"学科馆员"的选拔是有资格要求的,但是不能搞"一刀切",更不能照搬国外的标准去规定、统一"学科馆员"的条件,要结合社会科学研究的特点,着眼于馆员的综合素质和实际工作能力,重点挑选那些工作经验丰富、具备相应的知识结构并有良好的职业道德和沟通能力、爱学习、肯钻研的同志担任"学科馆员"。

（2）根据本单位及图书馆的实际选择服务对象，不搞面面俱到。社会科学研究门类众多，各学科和专业之间的划分也越来越细，以地方社科院为例，受图书馆的部门建制和人才结构等方面状况的制约，目前大多数地方社科院图书馆尚不具备为全院每个专业都配备"学科馆员"的能力。因此，服务对象的确立非常重要。图书馆应结合自己的馆藏优势和人才状况，遵照"抓重、扶新、布点"的发展原则，成熟一个，发展一个，不搞一哄而上、面面俱到，防止制度走样变形。

（3）注重实用价值，不拘泥于传统的模式。针对目前我国社会科学专业图书馆普遍存在高水平服务人员较少的现状，"学科馆员"制度不要拘泥于其传统的模式，即一人对一所、一人对一个学科的服务模式，而应更加注重它的实用价值，可以考虑选择"学科团队"的形式，由图书馆有学科专长的人员领衔组建"学科团队"，采取一个团队对应一个科研所、一个学科，一个团队对应多个科研所、多个学科的服务模式，以暂时缓解当前人才资源不足的压力。[1]

（4）以学科为基础，开辟不同的阅览专区。图书馆为配合学科馆员制度的推行，需对传统馆藏布局进行专业化整合，不断发展和完善学科文献信息体系结构。根据社会科学专业图书馆以中小型规模为主的特点，可考虑在以藏、借、阅结合为原则的文献布局的基础上按学科门类或知识体系开辟不同的阅览专区，从而为学科馆员创建学科服务发展平台。这种专业聚焦的馆藏布局能够满足读者一站式阅读心理，也便于馆员深入、细致地了解馆藏学科资源及读者需求，快速提升学科服务水平。在此基础上，实施有的放矢的服务创新，拓展个性化服务内容，例如，为重点用户建立需求档案，实行跟踪服务等。

---

[1] 白云：《对地方社科院图书馆建设和发展若干问题的思考》，载《情报资料工作》，2006年第2期，第86~88页。

(5)依据社会科学研究特点强化人才队伍建设。图书馆服务能力与服务水平的高低最终取决于服务人员的素质。从根本上说,培养并锻造一支高素质的馆员队伍是图书馆学科馆员制度推行成功与否的基础和关键。当前,社会科学专业图书馆学科馆员队伍建设应着力做好以下三个方面的工作:第一,培养馆员具备扎实的专业功底,熟悉文献信息资源体系,熟练掌握信息服务工作的基本理论和方法,具有敏锐捕捉信息和挖掘知识的能力。第二,针对哲学社会科学高度重视跨学科研究发展的特点,提倡和培养馆员具备广博的知识面,不仅要有人文社会科学方面的专业知识,而且要具备一定的自然科学方面的专业知识,并能够熟悉和应用最新信息技术,以便于应对各种载体信息及知识处理。第三,要求馆员在知识服务的过程中具有开拓创新的意识和能力。只有这样才能跳出解决问题的常规思路,发散思维,寻求突破,以新颖独特的视角和创新精神对各种信息和知识进行激活、利用,为现实中各种复杂问题的解决提供合理的咨询方案。

第三节 加强制度建设以改善共生环境

为科研服务是社会科学专业图书馆的既定职责,如果不是基于科研工作对信息服务的需求,社会科学专业图书馆便从根本上失去了存在的价值与意义,其建设与发展更无从谈起。但是,如果没有图书馆专业化的信息服务,社科研究也只能在低水平上徘徊,科研创新便也无从谈起。基于此,我们说社会科学专业图书馆与社科研究之间是天然的相互依赖,存在着共生关系。然而,由于现行体制、机制的制约,存在于各个科研单位中的社会科学专业图书馆与科研工作之间天然存在的共生关系变得很模糊,两者之间相互协同、互相促进的景象难以显现。

以地方社科院为例,现代科学研究的内部分化在社科院得到了很好的体现,科研处室是本院的科研组织管理部门,各研究所是从事科学研究的科研部门,图书馆则是为科研提供文献信息服务的科研(辅助)保障部门。如果这三种机构选择合适的结合点,在分工的基础上更多地在协作上下功夫,就会收到相互促进、共同提高工作效率的效果。但是,在现行的科层制管理体系中,图书馆与科研所同为社科院所属的两种(个)平行的机构,相互之间的沟通与协调松散而随意,基本没有"利益"交流与交换,两个单位实际是各行其是、各自为政,致使图书馆游离于科研工作之外,专业化信息服务对科研工作的保障与促进作用鲜有体现,不少图书馆在社科院的地位也越来越被边缘化。

共生单元、共生模式和共生环境构成共生的三要素,共生单元以外的所有因素总和构成共生环境。共生环境对共生单元和共生模式而言是外生的,但是环境对共生关系的影响往往也是难以抗拒的。笔者认为,要重构图书馆与科研共生系统,实现图书馆与科研的互惠共生,需改善当前的制度环境建设。就现实而言,目前影响我国社会科学专业图书馆与科研共生的环境因素主要存在于制度方面。因此,要重构图书馆与科研共生系统,实现图书馆与科研的互惠共生,需改善当前的制度环境建设,并有必要在以下两个方面有所作为:

一、提高共生单元之间的信息丰度,建立可靠的信息交流系统

"信息丰度是指一个共生单元拥有的关于另一个共生单元的信息量,或者是对另一个共生单元全部信息的占有程度。一定的信息丰度是共生关系成立的基础"。[①] 共生进化原理表明,共生进化是共生系统的本质,对称性互惠共生是共生系统进化的一致方向,是生物界和人类社会进化的根本法则,对我们认

---

① 袁纯清:《和谐与共生》,北京:社会科学文献出版社,2008年,第10页。

识自然共生系统和构造社会共生系统具有不可替代的作用。要建构互惠共生模式的社会共生系统,实现两个共生单元的协同发展,在很大程度上依赖于共生单元之间良性互动机制的健全,包括合作、互助和扶持,逐步消除共生单元之间的阻碍机制,增加共生单元之间的共生利益。而这些都需要切实提高共生单元之间的信息丰度,以增强共生单元之间的相互了解。我国的社会科学专业图书馆与社会科学研究之间天然的共生关系没有在现实中得以显现,其中最重要的原因是双方缺少必要的信息交流与沟通,图书馆因此不能及时了解科研的真正需求,不少科研人员对图书馆信息服务的意义和功能也掌握得不深不透。所以,为提高共生单元之间信息丰度而尽快在图书馆与科研之间建立起可靠的信息交流系统是必要而急需的。为此,图书馆一方面应争取得到本单位科研管理和组织部门的大力支持,希望他们能切实发挥科研管理职能,担负起图书馆与科研所信息沟通的桥梁与纽带作用;另一方面,可采取走出去、请进来的办法,主动建立馆所信息交流工作系统,定期或不定期与科研单位进行双向的信息交流与沟通,这样也能够及时掌握本院科研项目情况和科研工作进展,了解不同专业、不同层次用户的现实信息需求,并据以预测将来一段时间内的信息需求趋势,从而不断调整和设计切实可行又具有前瞻性的服务方案,通过设计打造能与科研工作同步、有针对性的服务手段和服务内容吸引用户、留住用户。同时,图书馆还要积极利用这种渠道和平台向用户宣传和推广自己的服务,使读者更为深入地了解自己的服务内容,了解图书馆的信息服务所能给予科研的助推作用。总之,期望通过有效的信息沟通与交流促进供需两旺局面的形成,逐步形成共生单元之间基于需求与利益的科学互动,为早日重构图书馆与科研共生关系做出务实而有效的努力。

二、改善制度界面,为图书馆与科研实现互惠共生建立必要的制度保障

"共生界面"是指共生机制和外部环境,如制度经济学中定义的"制度环境"、社会环境等。共生理论认为,共生模式是由共生单元与共生环境所决定的,并随着共生单元与共生环境的变化而变化。虽然从本质上和最终结果上看,共生界面必须适合共生系统的需要,要符合共生系统的发展方向,但是社会共生界面在选择和改善上具有主动性的特征。即人可以通过自身的能动性主动地识别、选择和改变共生界面以促进共生关系的改善。改革开放 30 年来,我国成功进行的经济体制改革、政治体制改革等,就是在党领导下主动进行的体制和制度变革。

社会科学专业图书馆与社科研究事业共生是社会科学事业发展的规律性要求,两个共生单元之间天然地存在共生。同时,无论是科研,还是图书馆,它们为了谋求更好的发展,本身也有达成协同共生的要求,而缺乏有效的制度激励和保障效力,却是现时影响和制约图书馆与科研实现互惠共生的极其重要原因。从本质上说,图书馆与科研共生系统是一个复杂的有机系统,要达到互惠共生的目标模式,不是仅仅依靠零散的共生单元的若干活动项目所能奏效的。在当前的体制、机制一时难以突破的情形之下,加强制度创新、利用制度变革与优化来降低复杂系统中的行为不确定性就显得尤其重要。通过制度创新,人为地改善共生界面,一方面可以完善共生的动力机制,实现对共生单元之间的利益和信息的有效交流和分配;另一方面,有利于减少共生体内的障碍,促进共生体系进化。联系当前的现实,无论是社会科学研究范式还是社会科学专业图书馆的服务范式,都正处于转型和变革当中。作为共生单元,图书馆与科研之间的权益关系的实现方式及其调整都需要加以规范,而给出规范的制度安排,为图书馆与科研的互惠共生提供一个完善的共生界面,显然也是必要的。当前亟须把图书馆与

科研两个共生单元的诉求、目标、资源整合起来,以系统思维解析共生的各个方面、各个层面的关系,厘清共生发展的内在规律,加强制度创新,改善并逐渐完善适应图书馆与科研高效共生发展的制度环境,为建构图书馆与科研的高效共生系统建立环境保障。

第七章
社会科学专业图书馆与馆员互惠共生关系的构建

通过文献整理来查找和吸收信息的工作是科学研究过程中的一个重要步骤。在科学不发达的时代，往往是科研人员在研究的准备阶段自己来承担与课题研究相关的信息资料的搜集、整理工作，如自己制作题录卡片，编排文献索引，摘抄和记录相关数据、引文、资料等，即用中国古代的所谓"排比纂索"的个体手工方式来处理与本人研究专题有关的各种文献资料。而随着人类社会的进步与发展，科学研究活动的规模不断扩大，从事科学研究的人员不断增加，科学分工越来越精细化和专门化，科学研究日益成为一种重要的社会活动和国家活动。这时，记录和传播科学研究成果的文献量激增，知识翻番的周期越来越短，信息数量已大大超过人们的接受能力，研究者的个体手工资料处理方式已远远不能克服知识生产与利用之间的矛盾，使信息的检索、接受和利用的可能性受到极大的限制。在这种状况下，应势而生了科学图书情报服务机构。由此看来，图书馆的出现，特别是专业图书馆的出现在很大程度上也是由于科研的发展对专业化信息服务人员产生了需求。

21世纪,人类文明进入了经济全球化、政治多极化、文化多元化和信息网络化时代,以图书馆为代表的信息服务机构在物质形态、技术手段、服务理念以及社会职能等许多方面都在发生变化,与科研工作一样,信息服务工作也在不断打破其原有的发展规模,日益呈现出全球化发展特点。随着中国图书馆事业不断融入到世界图书馆体系当中,改革与创新逐渐成为新时期图书馆事业发展的主旋律。此时,首先给我国图书馆事业带来巨大影响与撞击的是西方发达国家的办馆理念和先进技术。然而,伴随着改革的不断深化,在东西方文化不断地交织碰撞过程中,历史和现实也从另一个角度明确地提示我们,西方的现代性并非是人类最好的选择,其现代文明的负面影响已在图书馆引发两个突出的情况:第一是技术统治,第二是生产工具论的片面影响。比如,把未来图书馆定位为"有序化的信息时空"、"三无图书馆"、"虚拟图书馆",等等。实际上,技术在给我们带来快捷、高效、便利的同时,却悄悄地消解了人类所需要的人文关怀,令不少图书馆人不知所措。马克思主义认为,人是生产力诸因素中最活跃的因素,也是起决定性作用的因素。江泽民同志指出:"历史唯物主义认为劳动者是生产力中最活跃最革命的因素。工具在生产力中是重要的,但无论工具怎样复杂,都要由人来制造与运用。"①实践中,我们也看到和体会到,虽然现代化的信息技术日新月异,但技术无论如何先进,都是手段和工具性的,而人最终是无法栖息在手段和工具上的,技术和工具永远代替不了人的脑力劳动,技术和手段都需要人去掌握和应用,是为人所需、为人服务的。因此,不管技术怎样先进,推动图书馆发展、实现图书馆现代化的真正原动力仍然是人的力量。图书馆馆员是图书馆管理与服务中的主角,人才永远是图书馆事业中的核心要素。

---

① 江泽民:《论党的建设》,北京:中央文献出版社,2001年,第28页。

马列主义的基本原理、现代管理学的研究成果,或是源自于实践的观察,都已明确提示我们,现代社会科学专业图书馆管理视角应更多地关注人。只有拥有一支知识结构合理、业务素质精良、事业心强、工作积极、职业道德高尚的馆员队伍,图书馆的工作才有可能出效率、出成绩。只有做好人的工作,发挥人的积极性、创造性和主动性,才能把技术、设备等先进的工具与手段运用好、发挥好,从而切实保障图书馆的进步与发展。图书馆是一个由多种要素构成的复杂系统,如果从共生理论的研究视角看图书馆,图书馆本身就是一个共生系统,而在这个共生系统之下,存在着多元化、多层次的共生关系,包括图书馆与图书馆员的共生关系、图书馆员之间的共生关系,等等。社会共生理论认为,共生是一种普遍的自然现象,也是一种普遍的社会现象,社会共生关系存在于人类社会的方方面面,渗透到千家万户。不论任何人,还是任何组织,无不在其笼罩之下。因为个人存在共生关系,所以要研究个人共生问题;因为家庭存在共生关系,所以要研究家庭共生问题;因为组织存在共生关系,所以要研究组织共生问题,等等。当今社会,信息技术的高速发展,社会信息环境的不断变革,用户信息需求的不断提高,图书馆以及图书馆系统中的诸要素都同样处于急剧的变化之中。但是无论如何,图书馆员在图书馆发展中的核心作用永远不会改变,在图书馆内部共生系统中,处于核心地位的,仍然是图书馆与馆员的共生关系。图书馆与馆员的共生关系达到互惠共生的目标模式是社会科学专业图书馆实现可持续发展的基础保障。

第一节 图书馆需大力做好"人"的工作,以培育高品质共生单元

共生为共生单元提供了理想的进化路径,这种路径是在共

生单元相互激励中的合作进化,即各共生单元"各得其所"才能形成共生关系。同时,共生状态下"各得其所"的共生单元必须各出其力、互相合作、互相激励,方向一致,即实现"协同运动",才有可能达到互惠共生的目标模式,实现共同发展和共同进化。[①] 共生关系的建构及其要达到互惠共生目标模式的基础是要增强共生单元之间的匹配性能培育高品质共生单元。为此,需要明晰共生单元各方该具备怎样的能力、应发挥什么样的功能。

一、社会科学专业图书馆馆员队伍建设存在危机

馆员的现代化是图书馆现代化的核心与灵魂,现代信息环境对图书馆的挑战实质上就是对图书馆员能力的挑战。经验证明,一个图书馆的信息服务人员的整体素质较好,该图书馆的功能就会增强和扩展,反之就会减弱和萎缩。20世纪90年代,清华大学图书馆的崛起就提供了一个正面的例子。尤其在专业图书馆中,由于它更接近和强调情报服务,相对于信息源的收藏,图书馆应更多地重视信息人员的整体素质和信息设施的更新换代。显然,人才问题不容忽视。然而,就当前的现实情况来看,我国社会科学专业图书馆馆员队伍建设存在危机,人才缺乏和人才流失已成为困扰我国社会科学专业图书馆面临的主要问题之一。一方面,由于我国的社会科学专业图书馆基本都是财政供养的事业单位,缺乏灵活的人才引进政策,图书馆难以招录到高素质的专业人才;另一方面,一些好不容易招录来馆的高校毕业生并没有将图书馆作为长期发展的目标,他们本来可以成为图书馆的骨干,却对于更富有挑战性的科研工作来说,图书馆的吸引力小、待遇也较差,很多人来图书馆,只是将其作为一种进入事业单位和科研单位的过渡,最终还是

---

① 袁纯清:《和谐与共生》,北京:社会科学文献出版社,2008年,第31页。

离开了图书馆。目前,很多地方社科院图书馆都面临后继乏人的现象。

2006年国家社科基金项目"社会科学个性化信息服务体系创新研究"课题组的一项相关调查显示:接受该调查的20多家地方社科院图书馆中,有74%的图书馆认为"人员素质、结构不合理"是影响图书馆个性化信息服务发展的主要原因。该课题组分析造成这种现象的原因:第一,由于人员紧张,无法开展深层次信息服务;第二,由于编制、经费、待遇等原因,图书馆难以争取到高学历的人才,图书馆中本科生、硕士生很少,博士生微乎其微,需要的专业人才进不来,在职人员很难有机会进行专业培训;第三,现有人员中,传统图情学科背景的人较多,专门的计算机人才和具有某一专业学科背景的人才缺乏;第四,在各地方社科院职称评定工作中,给图书馆晋升高级职称的职数较少,名额多向科研人员倾斜,极大地挫伤了图书馆馆员的工作积极性,也导致地方社科院图书馆馆员职称层次偏低,结构不合理。这项截止于2007年的调查还显示,接受调查的20多家地方社科院图书馆中,副高级以上职称人数比例占总人数20%以下的有7个馆,其中有一个馆无一人达到副高级以上职称;20%～40%的有3个馆;40%～50%的有8个馆;50%以上的只有2个馆。该课题组认为,馆员整体素质偏低,极大影响了社会科学专业图书馆高水平、深层次的文献信息服务工作的开展。[①]

二、新时期社会科学专业图书馆对馆员素质、能力的要求

图书馆馆员的角色定位与图书馆所承担的社会功能息息相关。封建社会"藏书楼"式的图书馆不向社会开放,主要目的是保存图书,图书馆馆员的角色就是书籍保管员。在资本主义

---

① 查炜:《社会科学创新中的文献信息服务——社会科学个性化信息服务体系创新研究》,济南:山东人民出版社,2010年,第99页。

制度的形成过程中,开放的观念被人们所广泛接受,图书馆向社会开放,图书馆员则扮演了文化传播者的角色。今天,随着图书馆功能的不断扩展,图书馆单纯的收藏功能已转向开发和利用。馆员在图书馆的信息储存、交汇和生产功能的整体运作中,既为知识的承载体,又是信息库的建设者和维护者,还是信息资源和读者之间的桥梁和纽带,而且具有创新精神的馆员也是图书馆发展的内在原动力,高素质的馆员及其能力的高效发挥则是图书馆在现代化条件下实施个性化服务的唯一可能。①新时期社会科学专业图书馆对其馆员素质和能力要求主要包括:

1. 拥有较高的政治修养、政策水平和良好的职业风尚

以社会现象为研究对象的社会科学具有某种程度的意识形态色彩和政治倾向性。这也就决定了社会科学图书情报工作要遵循政治选择和学术选择相结合的原则。党中央、国务院对中国社会科学院有"三个定位":一是马克思主义的坚强阵地;二是哲学社会科学的最高殿堂;三是党和政府的思想库和智囊团。其中第一个职责定位就体现了阵地意识,即要坚持马克思主义。显然,较高的政治思想修养和政策水平应是社会科学专业图书馆馆员必须具备的基本素质。要求馆员具有扎实的马克思列宁主义理论基础,能够用马克思主义的观点、立场和方法去观察问题和分析问题。要树立辩证唯物主义和历史唯物主义的世界观,并把它作为从事社会科学图书馆工作的指导思想。

同时,作为社会科学专业图书馆的馆员,要热爱社会科学事业、热爱图书馆事业、热爱自己的本职工作,拥有职业自豪感和荣誉感。这也是对其基本的素质要求。尤其是我国的社会科学专业图书馆在其所从属的科研单位内部被定位为服务科

---

① 刘海萍:《谈图书馆"人本管理"的实现》,载《高校图书馆工作》,2005年第4期,第58~59页。

研工作的辅助性单位,其服务难以及时体现显性效果,其价值也尚未被科研人员充分接受和认可,图书馆的作用与地位尚不是很高,待遇也相对较低,就更需要图书馆从业者树立坚定的职业信心,急用户所急,以坚韧不拔的毅力和认真踏实的作风和工作态度,尽己所能为科研提供优质服务。从信息调研、信息采集、信息加工到信息传递,要将服务科研、以用户为中心的思想始终贯穿其中,真正发挥和履行知识服务与知识导航的职能,从而通过图书馆员职业风尚与服务效能的体现彰显图书馆工作的价值与作用。

2. 具备复合型知识结构,拥有综合能力的业务素质

综合性、广泛性和多功能性是社会科学图书情报工作的重要特点,这一特点本身就要求社会科学图书馆的馆员要具备多元化的知识结构。同时,随着网络及信息技术的发展,社会科学研究范式在改变,科研人员获取信息的路径在拓展,社会科学专业图书馆馆员要适应当前科研的发展,为科研用户所接受和认同,真正成为能担负起为科研提供信息保障重任的专业人员,就必须在知识结构和能力素养方面进行有意识地丰富拓展和更新重组,力求形成一种纵横交合、优势互补的现代型知识结构和能力结构,从传统的"单一"型人才向现代化的"复合"型人才转变。起码应有以下几方面的能力修养和业务素质:

(1)社会科学专业知识修养。社会科学图书馆的馆员首先应是一名合格的社会工作者,应具备相应的社会科学专业知识。实践证明,具有一门社会科学专业知识的坚实基础,是能够触类旁通,举一反三的。这种素质对于社会科学专业图书馆服务水平的提高及其馆员素养的进一步提升关系极大。尤其在当前所提倡的专业图书馆知识服务的过程中,要求馆员深入科研、切入过程,为相应的学科研究提供对口服务。因而,掌握相应的社会科学专业知识更是其作好服务的前提和保证。

(2)深厚的信息资源管理知识。作为信息服务与信息保障机构来说,对于信息的收集、整理、存储和提供利用仍然是图书馆业务的核心,信息资源管理始终是图书馆工作的本质内容。馆员应具备扎实的专业功底,熟悉文献信息资源体系,熟练掌握图书馆工作的基本理论和方法。诚然,现代化信息技术与网络平台已经成为当前图书馆工作的重要支柱,但其终究还是用于处理和传递信息的工具,而图书馆馆员在建设和管理图书馆的过程中,首先是要关注信息本身,提高对信息的理解和利用能力,以完成基于信息的管理、综合、加工与提供利用的既定职责与业务功能。无论社会如何发展,信息管理知识始终是图书馆馆员从事图书馆业务所必备的核心与基础知识。社会科学专业图书馆的馆员需以信息管理学及其在图书馆的具体运用——图书馆学为知识结构的底蕴,不断充实图书馆工作的技术与方法。

(3)熟练掌握和运用现代信息技术的能力。今天的图书馆是建立在现代信息技术平台上的图书馆,信息技术支撑着现代图书馆的运行和发展。当前,图书馆的管理对象已经由传统的纸质印刷型资料发展到数字化的多媒体文献,除了在一定时期内继续保持和完善原有的服务内容与服务方法外,数字化信息资源收藏在图书馆所占的份额必将越来越大,信息数字化处理和网络传输运用将渗透其间。因此,一个合格的社会科学专业图书馆馆员必须掌握与其岗位需求相适应的现代信息技术,包括计算机操作及信息管理技术、数字化信息资源的组织技术和方法、网络运用技术、网络信息搜寻技术以及网上发布信息和服务的能力。

(4)"一专多能"的知识结构。现代科学发展的一体化趋势要求社会科学专业图书馆馆员应具有广博的知识面,具备"一专多能"的知识结构。尤其是针对当前哲学社会科学创新高度重视跨学科研究发展的特点,要提倡和培养馆员具备广博的知识面,不仅要有人文社会科学方面的专业知识,而且要具备一定的自然科学方面的专业知识,并能够熟悉和应用最新信息技术,从容应对各种载体信息及知识处理。同时,图书情报工作综合性的特点也要求社会科学专业图书馆馆员的知识结构和业务活动范围必须超过其对口服务的专业人员。如果图书馆员的业务活动范围与科研人员相同,则没有可能为其所服务的科研课题提供科研人员已掌握熟悉范围以外的前沿新精信息,图书馆工作的作用也就不能高效率地发挥作用。面对今天层出不穷的各种新知识、新学科,社会科学图书情报工作者必须善于接受、掌握并不断开辟新的知识领域,始终站在科学发展的前沿,为社科研究提供最新的学术情报信息。"一专多能"的知识结构是社会科学专业图书馆馆员得心应手从事专业信息深加工,提高社会科学专业图书馆信息服务层次的重要保障。

(5)敏锐的信息识别和较好的信息表达能力。图书馆信息服务的过程即为信息传递的过程。从其信息传递的过程来看,信息首先由信息发送者发出,通过特定的信息通道到达信息接收者并为其接受。图书馆就是这个过程中的一个信息通道。如果我们综观图书馆信息工作的全过程,可以看到,图书馆首先还是一个信息的接受者,他从出版社、书商、网络等信息源接受信息,然后才是一个信息发送者,将经过其收集、整理、提炼的信息产品向用户发送。在这个过程中,图书馆馆员务必需要具有敏锐的信息捕捉和知识挖掘的能力以及高超的信息识别和表达能力。为此,社会科学专业图书馆的建设和发展还要求其馆员应具备较好的中文表达能力和一定的写作水平,学习形式逻辑、编辑技巧、写作技巧等基础知识。要在熟练运用母语的基础上,能够掌握一两门外语,具有一定的处理外文资料的能力。要能够熟练运用语言、文字、图示、肢体、数码等手段,简洁而完整地向用户表达信息内容,准确地向计算机传输指令。

(6)善于自我学习,从容面对挑战的能力。"图书馆是生长中的有机体"。在漫长的发展过程中,图书馆随着社会大环境的变化而一直演变和进化着。从古代仅供少数人使用的藏书楼,到近现代提倡最大限度满足读者需要的、向社会开放的图书馆。馆藏介质由"纸本"向"数字",馆藏方式由"收藏"向"检索",资源加工及服务由手工向计算机及网络化,馆藏资源由"封闭"向"开放"转变等等,图书馆的形态始终随着科学技术发展的节拍而有所变化。社会的政治、经济、文化、教育水平都直接而明显地影响着图书馆的环境与生存。毫无疑问,变化是图书馆发展的永恒。今天,面对网络时代各种技术的日新月异,图书馆员原本所具有的知识和技能的多少已不是最重要的因素,更重要的是他能够适应这个变化的环境,不断地学习新的知识和技能,要与时俱进,才能跟上、推动甚至带动这个领域的发展。因此,社会科学专业图书馆的馆员要具备自我学习、自我超越的潜力和决心,要能够不断地、快速地学习新的知识和技能;要保持对环境和用户变化的敏锐感知和快速反应;要在知识服务的过程中具有开拓创新的意识和能力;要发散思维,跳出解决问题的常规思路,寻求突破,以新颖独特的视角和创新精神对各种信息和知识进行激活、利用。

三、做好"人"的工作是图书馆实现与馆员共生发展的基础性工作

共生系统的建构,共生单元的培育是首要基础。只有当各共生单元"各得其所"才能形成共生关系。共生状态下的"各得其所"的共生单元必须各出其力、互相合作,进行"协同运动"才能实现共同发展和共进化。如果共生系统内的共生单元"各自为政"、方向各异,就形成不了合力,产生不了共生利益,共生单元的共进化不可能实现,共生状态也必然解体。如前文所述,为增强图书馆与馆员两个共生单元的互补性,需明确并强调馆员应具有的素质和能力。这是因为图书馆的建设与发展需要馆员释放工作能力与发挥工作效能作保障,图书馆各项工作的落实,需要发挥人的作用;但是,人是自然因素、社会因素以及

精神因素的统一体,马克思主义认为:"人的本质并不是单个人所固有的抽象物。在其现实上,它是一切社会关系的总和。"①人的全面发展才是终极目的和尺度。那么,作为与馆员同处一个共生体当中的另一共生单元:图书馆组织,亦即图书馆的管理方来说,他需要对馆员的需求做到充分了解,并为馆员个体及群体的发展创造并提供必要的物质条件与精神环境,只有营造一种对馆员人性的重视、尊重、信任的工作环境,才能将图书馆的工作高效开展起来。因此,社会科学专业图书馆当前的管理视角应更多地关注于"人",做好"人"的工作当为图书馆与馆员协同共进的前提与基础性工作。图书馆可通过树立新型人力资源管理理念,探寻先进的人力资源管理方法和手段,满足图书馆员,即"人"本身所具有追求人身自由和个人事业发展的内在需求,高效调动馆员工作的积极性、主动性和创造性,最终达到图书馆与馆员的互利互惠,实现两个共生单元的共同发展。

第二节　图书馆实施"人本管理",建构与馆员互惠共生模式

"人力资源"的概念由彼得·德鲁克教授于1958年首次提出。之后,经过许多管理学家的研究和努力,至20世纪80年代,人力资源管理理论已在学术界和企业界被广为接受。网络环境下,图书馆事业发展面临多方面的挑战与冲击,人才危机日益严重,图书馆界已经意识到,做好"人"的工作是图书馆事业得以发展的根本保障。不少图书馆开始尝试学习企业管理经验,引进和推行"人本管理"等先进的人力资源管理方法,科学运用多种物质与精神杠杆,更好地调动馆员的工作热情,促

---

① 马克思等:《马克思恩格斯选集》(第1卷),北京:人民出版社,1995年,第60页。

使其尽可能地释放潜能,创造高绩效,基于图书馆与馆员的协同进步,实现事业的大发展。

一、图书馆人本管理内涵

1."人本管理"及其在图书馆中的应用

现代人本管理理论在经历了科学管理、行为科学、系统理论、决策理论等管理理论之后走向了管理科学的前台。其深刻的背景是知识经济所带来的产业革命与企业流程再造对人力资源的呼唤。西方科学管理之父弗雷德里克·温斯洛·泰勒的"科学管理"之所以遭到一些非议,关键是由于其"见物不见人"的理论只是单纯地建立在亚当·斯密的劳动分工原理基础之上的,忽视了管理过程中对劳动者的积极性、主动性和创造性的充分关注。在知识经济时代,企业经营环境、生产经营方式及管理模式中的"人"的地位得到空前突显,人及人性自然而然地成为这一时期以人为本、人本管理为主流思想的现代管理理论的逻辑起点。

人本管理体现的是一种以"人"为本的管理哲学,人本管理的核心是要求管理者对组织中的人应当视为人本身来看待,而不仅仅是将他们视为一种纯粹盈利或挣钱的工具。从哲学意义上说,人本管理之"本"实际上是"本位"、"根本"和"目的"之意。人本管理的本质就是以促进人向自由、全面发展为根本目的的管理理念和管理模式。其核心理念可以概括为:发扬人性的光辉,实现个体的价值,创造社会的繁荣。①

图书馆的资源由人、财、物三部分组成,财、物资源通过人而联结,财、物管理的效益直接取决于管理财、物的人——人力资源。传统理念下的图书馆管理层在认识上存在误区,重视对物的投入,而忽视对人员培养,图书馆馆员个人价值再生的机

---

① 夏湘远:《人性·人本·人化——人本管理的实质及其管理实现》,载《长沙大学学报》,2005年第1期,第11~13、17页。

会不多,挫伤了馆员的积极性。近年来,随着图书馆的自动化设备与管理不断升级换代,人才的作用日益凸显。图书馆界已经清楚地认识到图书馆发展必须建立在全体馆员发展的基础之上,在人才选拔和开发过程中,图书馆要把自己的发展目标与馆员的个人目标统一起来。图书馆强调"读者第一"的管理理念,无疑是正确的,但仅强调这一点又是不够的。随着图书馆内外的竞争由馆藏资源领域转向知识服务领域,图书馆员作为服务主体将承受越来越重的压力,如何科学开发与管理人力资源越发成为图书馆建设与发展中的重要问题。

  图书馆员是图书馆最重要的资源,他们是图书馆管理与服务中的主角,馆员的现代化是图书馆现代化的核心,也是图书馆实现科学管理的前提。[①] 列宁高度重视图书馆事业并对图书馆工作形成独到见解,关于图书馆的评价标准,他认为,图书馆值得骄傲和引以为荣的,"并不在于它拥有多少珍本书,有多少16世纪的版本或10世纪的手稿,而在于如何使图书在人民中间广泛地流传,吸引了多少读者,如何迅速地满足读者对图书的一切要求"。[②] 可以确定,图书馆要吸引大量的读者,要使图书馆的文献信息资源在社会上得以广泛传播,离不开图书馆员聪明才智和工作积极性的高效发挥。近年来,图书馆人本管理实践风生水起,理论研究也取得了较为丰硕的成果。作为当代图书馆管理学研究的重要内容,人本管理既是一种指导图书馆管理实践的思想理念,又是一种以人为中心、立足于人的价值的管理模式与管理方法。笔者认为,社会科学专业图书馆树立"以人为本"的建设理念,应用"人本管理"的先进管理模式,对图书馆管理创新,重新优化配置图书馆系统中的各种资源,对人、财、物以及时间、信息等要素进行科学调配和有效控制,

---

① 金明生:《影响中国图书馆事业未来发展的三个决定性因素》,载《中国图书馆学报》,2003年第4期,第44~46页。
② 周文骏:《列宁论图书馆》,北京:北京大学出版社,1984年,第33~34页。

是时代发展的要求,是对广大信息服务人才的呼唤,也是新时期图书馆实现可持续发展的需要。

2. 图书馆人本管理的内涵

20 世纪 30 年代,形成了以美国图书馆学家巴特勒等人为代表的芝加哥学派,图书馆人本管理的思潮也由此而兴起。巴特勒在其代表著作《图书馆学导论》中指出:"图书馆作为一个'专业',和其他任何一个专业一样,有技术、科学、人文这三个层面。"这之后,美国的另一位著名图书馆学家谢拉的"人文图书馆学"思想和印度阮冈纳赞的"图书馆学五定律"思想又把"图书馆的价值观念和以人为本的思想"向前推进了一大步。20 世纪二三十年代,我国著名图书馆学家刘国钧、杜定邦也关注到人的因素在图书馆中的地位问题。杜定邦提出:图书馆的"三要素"即书、法、人,"三者结合,乃整个之图书馆";三要素中,"'法'与'书'是为'人'服务之手段","以'人'为目标办图书馆,则事业生动而切合实际"。为"人"服务是人文精神在图书馆工作中的体现,失掉了这种精神,图书馆就失去了其存在的价值。进入新世纪,图书馆作为现代社会文明的综合性标志之一,其演进与发展同样须依赖物质文明与精神文明的交互作用,图书馆现代化的实现需要依赖物的现代化与人的现代化两者的交互作用,而管理就存在于这种交互的过程中。人本管理的形成也正是管理学家在充分认识到管理的核心与关键是要抓住"管理过程中的人"这个概念后提出来的。具体来说,图书馆人本管理的内涵包括:

(1)在图书馆诸多的管理客体要素中,以人为中心来配置资源,肯定人的价值,培育人文精神、实施人文关怀,以充分调动人的积极性、开发人力资源,并由此保证图书馆社会功能的实现。

(2)鼓励馆员的敬业精神和创新精神,注重馆员价值在图书馆管理与服务中的基础性质;注重满足馆员自我实现需要的内在激励;注重将根据图书馆的功能和在此基础上产生的制度与馆员长期实践中形成的道德规范、行为准则和价值观结合起来,使之更好地内化为馆员的自觉行为,以实现其"自我管理"。

(3)将"以读者为中心"、"用户至上"的理念始终贯彻在图书馆的服务工作过程中,充分考虑不同用户的不同需要,在浓郁的人文氛围中,通过人性化、个性化的服务方式和内容,为用户提供前瞻性的、充满人文关怀意蕴的信息服务和知识服务。以公平、自由的态度保障每一位用户获取信息和知识的权利。

(4)综合运用公平机制、激励机制、压力机制、约束机制、保证机制、环境影响机制,实现图书馆"以人为中心"的办馆理念。在馆员个体价值合理实现的过程中形成用户休闲学习、平等获取知识的图书馆环境,从而构建起和谐图书馆的新模式,使图书馆员的个体愿望与图书馆的组织目标高度统一,形成图书馆的人文氛围。

笔者在此需要特别指出的是:上述人本管理内涵显示,广义上说,图书馆"以人为中心",实施人本管理,这里的"人"应包括读者和图书馆的员工。但就图书馆的管理而言,图书馆的工作人员才是图书馆的主体,是图书馆管理的对象。读者是图书馆的服务对象,图书馆的读者服务工作,即对读者工作的管理,说到底是对图书馆服务人员的管理。基于本书的研究主旨,本章所探讨的图书馆人本管理中的"人"是狭义的,仅指图书馆的员工。

二、图书馆实施人本管理,实现图书馆与馆员的互惠共生

概括地说,图书馆"人本管理"即为建立以人为本的内部管理机制,以人的全面发展为准则的,围绕调动人的积极性与创造力展开管理活动,通过相关激励方式和手段、领导方式和权威的力量以及组织的结构与设计,真正实现以人为中心的管理。

1. 我国社会科学专业图书馆人本管理的缺失

"人"、"以人为本"是人本管理的核心,人本管理与物本管理的最大区别是视"人"为组织中最重要的资源。在图书馆实

施人本管理意味着图书馆的一切管理活动都围绕着如何识人、选人、用人、育人、留人而展开,而馆内其他资源的调配,原则上是围绕着如何充分利用"人"这一核心资源而展开。我国的社会科学专业图书馆长期以来一直由国家和地方财政保障其人员工资及基本建设费用的支出,图书馆的管理者与馆员均缺乏风险意识和创新意识,图书馆中科技含量大、学术含量高、有发展空间的岗位也不是很多,使本来有才华、有作为的馆员失去了职业动力,日复一日、年复一年简单、重复的劳动,容易使职工产生职业倦怠。这种精神面貌和消极状态必难创造高品质的服务水平和服务质量。在我国专业图书馆事业中,社会科学专业图书馆的发展现状明显落后于科学院系统图书馆,这是一个不争的事实。国家社科基金项目"社会科学个性化信息服务体系创新研究"课题组就 2006 年、2007 年对全国省级及直辖市地方社科院图书馆文献信息服务状况所做调查的相关内容进行分析,认为:"服务意识陈旧,个性化、特色化的信息服务开展的不够深入"是地方社科院图书馆文献信息服务存在的主要问题之一。具体来说,许多图书馆的业务工作仍然停留在传统的较低层次服务上,一直以文献加工整理和保管为中心,习惯坐等读者上门的被动服务;对信息时代所面临的各种挑战反应迟缓,缺乏紧迫感和使命感,缺乏创新与开拓精神;在现代技术进入图书馆后的很长一段时间,消极、被动的服务意识仍然滞留在许多图书馆领导和馆员的思想中。该调查还显示:参与调查并反馈问卷的 24 个图书馆中,只有 10 个图书馆开展了针对课题研究的个性化信息服务。在这 10 个馆中,有些是长期合作的,有些只是临时性的服务。有些是图书馆明文规定要提供的服务,而有些则只是个别馆员个人的行为。课题组指出:当前社科研究机构的课题研究时间紧、任务重,很多课题研究在没有掌握、开发充足的、有价值的文献信息前就匆匆进入研究论证阶段,其后果便是社会科学研究成果总体质量的滑坡。他们认为,造成这种现象固然有研究人员自身的原因,但与信息服务人员对文献资源的开发与服务的力度不够也有一定的关系。①

到目前为止,以社科院系统图书馆为主体部分的我国的社会科学专业图书馆目前基本还是沿用传统的业务程序,即采购、编目、典藏、流通的流水线式,以物质流为主的封闭的静态管理方式。而同样沿用至今的传统的人事管理制度,强调的是财、物、事,以"工作"、"组织"为中心,在用人方式和组织结构等方面没有太大变化,对人的管理主要体现于规章制度的建立和遵守上,强调的是服从与统一,对馆员的个性化需求考虑较少,对图书馆服务内容的创新和服务质量的提高也没有系统的考虑。再者,由于体制的问题及人文传统、素养的缺失,图书馆中易出现对上级负责多、对下级负责少,对上级说话重视、对下级意见麻木的现象。易出现以管理者为中心、家庭式的管理,即以我为尊的一言堂作风。而权力过分集中的后果是难免犯主观主义的错误,形成脱离群众的工作作风,职工参政议政流于形式,馆员的参政意识和责任感日益被事不关己的无奈所取代,随之也会产生严重的依赖心理,懒惰、消沉、故步自封、因循守旧,甚至麻木不仁,赋有创造力的创新精神在循规蹈矩中被消磨殆尽。笔者认为,上文基于专题调研而揭示的有关社会科学专业图书馆信息服务缺乏深度,服务不到位问题存在的原因当然不能简单地归结为哪一类,但与目前社会科学专业图书馆人本管理的缺失不可谓无关。

2. 图书馆与馆员互惠共生目标模式将随着人本管理实施目的落实而得以形成

相对于"物本管理","人本管理"是指在管理中以人为中心,把人当作最重要的资本,尊重人、关心人,一切管理活动以

---

① 查炜:《社会科学创新中的文献信息服务——社会科学个性化信息服务体系创新研究》,济南:山东人民出版社,2010年,第98~99页。

调动人的积极性和创造性、做好人的工作为根本。① 人本管理是科学管理主义、人文主义思想结合的产物。图书馆实施"人本管理",一方面要坚持科学管理的"刚性"要求,把握严谨性和精确性原则;另一方面,要坚持人本管理的个性化、灵活性等"柔性"原则,为馆员的个人价值再生提供有效的制度保障和宽松自由的文化环境,关心馆员的需求,尊重馆员的个性特点,爱护馆员的能动性、积极性和创造性,通过人性化管理实现馆员个体发展与图书馆事业发展的统一,既为馆员的职业发展作合理规划,也为图书馆提供可持续发展的动力。笔者认为,如果图书馆人本管理的实施目的在社会科学专业图书馆能够落实,那么图书馆与馆员互利互惠、协同共进的共生关系目标模式也随之而得以形成。

三、社会科学专业图书馆实施人本管理的具体体现

人是自然因素、社会因素和精神因素的统一体,具有真、善、美、正义以及快乐等内在本性,具有自由意识和共同的价值观,具有发挥自我潜能和自我实现的力量,而人本管理正是促进人身自由、全面发展为目的的管理,其管理目标的实现确保图书馆员的主体地位、个体价值,并因此而保证图书馆功能价值的切实体现。

1. 人本管理的主体是全体馆员

社会科学专业图书馆实施人本管理首先要把人的因素当作管理中的首要因素和本质因素,要首先确立人在管理中的主导地位,继而围绕调动馆员的主动性、积极性和创造性,提高馆员的人文意识去展开图书馆的一切活动。图书馆人本管理的主体是全体馆员,是一种全馆参与的管理。在实行人本管理的图书馆中,每位工作者不应是只想、只做该做的事,而应以"应

---

① 易向军:《图书馆软环境建设》,合肥:安徽大学出版社,2011年,第45页。

做"的事为思考与行动的指向。图书馆行政管理部门、管理人员和其他部门以及人员之间是一种分工合作关系,传统管理模式中由上而下的控制导向被废弃,取而代之的是全体人员都可进行发展思考,形成双向、多向交流的自主工作秩序。此时,图书馆管理者的工作重点是在组织结构重整之后,搞好授权与激励机制,让每一位工作人员都能享受权利、信息、知识和酬劳,从而使人人都有授权赋能的感受。

2. 人本管理的理想境界是图书馆与馆员的良性互动

人本管理的目的在于人的发展,它是建立在民主思想基础上的管理,管理者与被管理者之间的平能意识是人本管理的核心理念。因此,检验图书馆人本管理的成效,一个很重要的检验角度就是看在图书馆管理者与馆员之间是否形成了一种积极的、健康的良性互动关系。若要考察图书馆互动环境是否形成,可以从以下三方面着眼:(1)上下是否一致。即在重大问题的决策和实施过程中,图书馆管理者与馆员的认识是否一致?如果能够达到基本一致,就有发生互动的基础,否则不仅难以形成上下合力,还可能存在离心离德的倾向。(2)信息是否通畅。认识一致是信息畅通的基础,一般情况下,认识的统一程度越高,信息失真的可能性就越小。当然,在图书馆组织内部,管理者还要为信息的畅通创造必要的条件。比如,采用主动、积极的沟通方式,建立有效的沟通渠道,使管理层的意图及时为馆员所了解、理解、认同并乐于接受,从而得以顺畅地实施和落实。同时又应使下级的意见,馆员的呼声能够准确、及时地上传,为管理层所掌握,以便在制定相关政策时能够考虑得更全面、周到。信息畅通,馆内上情下传、下情上达的效率越高,形成互动的可能就越大。(3)干部的群众认可度。建设一支群众认可的干部队伍是图书馆形成上下互动良好局面的决定因素。实践中,群众对干部的期望值是优点越多越好,缺点越少越好。虽然说"金无足赤,人无完人",领导干部的性格、风格也千差万别,但是能为群众所喜爱的干部,他与群众形成互动的可能性就越大。因此,馆员对图书馆管理层认可度的高低,可以作为检测图书馆形成互动可能性的尺度。

3. 人本管理成功的标志是图书馆与馆员实现双赢

成功的人本管理是要使图书馆的建设发展目标与其工作人员的个人目标都得以实现。图书馆实施人本管理,将组织目标和工作人员的个人目标有效结合,通过增强图书馆的凝聚力,充分发挥全体馆员的主动性和创造性,为图书馆效能发挥建立基本保证。而进一步帮助馆员制定职业发展规划,提高其个人的业务素质和工作能力,则是图书馆建设发展的宏伟目标得以实现的基石。世界著名管理学家德鲁克曾生动地指出:"个人需要把组织当成完成自己人生目标的手段,组织需要让个人为其做出所需的贡献。"

第三节 完善"人本管理"制度建设,打造正向共生环境

综上所述,社会科学专业图书馆实施人本管理,并随着人本管理目标的实现,切实建构起图书馆与馆员高效共生发展系统,从理论上说是可行。但是,人本管理是一个复杂的管理体系,当我们理解了人本管理的逻辑起点以及人本管理的内涵与本质,还只是为人本管理提供了一种可能。这一先进管理思想在社会科学专业图书馆的真正实现,还需要管理者针对现实与管理实践中存在的问题,结合组织所特有的文化和管理语境,将人本管理的基本原则科学有效地应用于实践之中。

共生单元之间的关系不可能是在真空中发生的,而总是在一定的环境中产生和发展,共生单元以外的所有因素的总和构成共生环境。共生理论认为,共生单元与共生环境决定共生模式,共生模式并随着共生单元与共生环境的变化而变化。社会

科学专业图书馆实施人本管理，建构图书馆与馆员的互惠共生系统，需要把图书馆与馆员两个共生主体的诉求、目标、资源整合起来，以系统思维解析并处理好共生单元要达到互惠共生的目标模式所应理顺的各方面、各层次关系。这其中，对共生系统建构和发展具有激励和促进作用的正向共生环境的构造是极为重要的建设内容。图书馆应以人本管理目标的实现为前提，为人本管理的顺利推进建构必要的环境保障，树立新型理念，强化制度建设，并随着人本管理各项原则的落实，最终实现社会科学专业图书馆与馆员的互惠共生。

一、确立新的管理理念

观念是行动的先导，社会科学专业图书馆实施人本管理，建构图书馆与馆员共生系统，需确立"以人为本，人才第一"的新型管理理念，这是社会科学专业图书馆实施人本管理的最重要原则。传统图书馆管理方式由来已久，具有一定的稳固性和独立性，如果我们不关注时代的进步和形势的发展，就会很容易形成一种惰性，形成思维定势，犯经验主义的错误。当前制约我国图书馆工作创新的一个很重要因素，就是相当一部分图书馆人的思想观念不够解放，受计划经济的影响较深。社会科学专业图书馆人本化管理的顺利实施需要健全的制度作保障，而科学制度出台的前提是管理理念的更新，要求管理层真正自觉地从"物本管理"的传统观念中解放出来，树立"以馆员为中心"、"以人为本"的管理新思想，深刻理解图书馆与馆员是一种分工合作的共生关系，馆长的责任就是根据事业发展的需要提出图书馆的发展目标，并根据目标绘制远景蓝图，让员工看到图书馆发展的前景和个人的前途，起到导向和激励的作用。

二、改革传统的人事管理制度

"图书馆是一个生长着的有机体"，我们不可能用一成不变的制度管理一个发展与变化的集体,需要与时俱进,通过制度的创新来推动事业的发展。图书馆实施人本管理,实现图书馆与馆员的互惠共生,应制订一系列具体可行的新型人事管理措施和制度,包括建立科学合理的岗位责任制、制定完善的馆员培训和发展计划、设计切实可行的奖酬方案等等,为馆员的个人发展提供制度依据,从制度上确立和保障馆员拥有合理的权益。一套优秀的图书馆制度应以推进事业发展的目标为导向,应该将工作目标与员工个人价值观很好地结合起来,将组织利益与馆员利益保持一致,使图书馆成为馆员心中真正认同的利益共同体,从而也使得全体员工愿意凝聚在"我们的事业"中,树立"以馆为荣,馆兴我兴"的使命感。

三、培育积极向上的组织文化

实事求是地说,在我国社会科学专业图书馆的发展过程中,困难始终存在。这里面有资金问题,有体制问题,但是一定还有一个精神的问题。组织文化的建设取向就是要提供一个最有意义的精神取向。精神目标追求一种"是什么样的角色就应该干什么样的事"的高层次境界,因此,倡导并培育图书馆职业精神对于图书馆人本管理的实施,对于图书馆与馆员的协同共进战略目标的实现尤其重要。日本的公司一向倡导团队协作,重视团队精神的建设,认为团队精神是事业成功的关键。面向21世纪,NEC(日本电气公司)针对公司发展方向,提出了Holonic这一全新概念,倡导员工个体独立,同时又应与整体配合融洽。NEC(中国)有限公司在此基础上又提出"培育闪光的个人"这样张扬个性的口号。这一概念的提出,更加强调发挥职工主观能动性,激发个人潜力的重要性。①

---

① 程亚男:《组织文化与文化塑造——图书馆管理的视角转换》,载《中国图书馆学报》,2004年第3期,第30~32页。

四、建立尊重人的激励机制

激励是通过影响员工个人需求的实现来提高他们的工作积极性,引导他们在组织活动中的行为的一种管理方式。哈佛大学詹姆斯教授针对人的激励问题进行专门研究得出的结论认为:如果没有激励,一个人的能力发挥只不过是20%～30%;如果施以激励,一个人的能力则可以发挥到80%～90%。如此看来,激励如果作用得当,一个人甚至可以当四个人用。图书馆人本管理强调激励,但是对激励的理解与运用不能简单化,要首先弄清激励所具有的特殊规律性,对适用激励的对象、所要激励的因素以及激励的适当方法等做深入而细致的分析研究。激励中期望理论认为,要有效激励员工的行为,管理者必须了解员工的各种需要和需要强度。人的个体差异始终存在,每个人的需要也是有差异的,图书馆的管理者就要针对不同对象的特点,采取不同的激励方法。只要条件允许,就应尽可能尊重并满足每个馆员的合理需要,适用人性化、差异化的激励措施调动图书馆中不同类型人才的工作积极性,从而达到人尽其才、才尽其力的激励效果。在这个过程中,管理者还应该始终关注具体人在不同时期的具体需要,及时施以不同内容和不同方式的激励。针对人在客观上既有着物质需求,又有着精神追求的特点,图书馆的管理者应将物质激励与精神激励有机地结合起来,物质激励是前提和基础,精神激励则是不可或缺的手段。总之,激励是一个系统工程,社会科学专业图书馆实施人本管理,寻求与馆员的高效共生,需要建立起与图书馆特点相一致的系统化的馆员激励机制,在充分尊重人的个人需求和个体差异的前提下,对馆员施以全方位的激励。

五、营造有特色的管理环境

人本管理在管理实业界和学术界已经得到普遍认同,但是人们常常囿于人本管理这一理论本身来研究和探讨人本管理的实施模式,而不同地域、不同组织的现实情况是有差异的,同一种管理理论,在异国他乡、其他组织中实践得很成功,而在中国、在我们的组织中却有"水土不服"的状况存在。这恐怕不能从这种管理理论和方法的优劣中去找原因,只能从其适用性及适用原则上去想办法,应该与一个国家的国情、一定地域的地情、一个组织特有的组织文化以及员工素质有着密切关系。因此,我们说,理解人本管理的逻辑起点以及人本管理的本质,还只是为人本管理的实施提供了一种可能,而其最终效益的显现与发挥还需要管理者针对组织现实与管理实践中存在的问题,理论联系实际地将人本管理的基本理念运用于实践之中。当前,在我国的社会科学专业图书馆实施人本管理,需要建立、培植与其组织特色相适应的管理环境和机制,形成适应本土特点,有自己特色的人本管理模式。

六、强化馆员的继续教育

"培训和发展"是一个组织进行人力资源开发和管理的重要手段,是"终生教育"、"终生学习"新理念的具体表现。社会科学专业图书馆实施人本管理,谋求馆员与图书馆的协同发展,就不能忽视对馆员的培训,应根据图书馆业务机制和专业化特点制定相应的专业培训方案,并帮助每个馆员制定持之以恒的继续教育和职业发展规划,要结合岗位需要和馆员个人志向,有计划、有目标、分层次地安排员工参加培训、进修,给馆员提供继续教育的机会,培养馆员与时俱进和终身学习的意识,有意识地不断提高馆员的业务素质和工作能力以适应图书馆未来发展的需要。当前,社会科学专业图书馆在大力引进人才的同时,尤其要重点培养一批优秀馆员朝着"学科馆员"方向发展。

研究结论

一、研究总结

20世纪中叶以来,源于生物界的共生理论和方法逐渐被借用或借鉴来研究社会问题,其重要的理论前提是将人看作社会人,在人的基础上形成的单位也处在各种共生关系中,从而共生关系的改善是社会发展和进步的必然途径。社会科学专业图书馆是图书馆事业生物圈中的一员,也是社会科学事业的重要组成部分之一,从直观上看,其与共生也有着必然联系。本研究将共生理论引入图书馆事业研究领域,基于共生理论的基本原理和分析框架,分析并阐明共生理论在图书馆事业发展中具有良好的应用前景,适用于社会科学专业图书馆建设与发展问题研究,并以地方社科院图书馆为例,理论联系实际,阐释我国社会科学专业图书馆当前需着力谋求建构的三种最重要共生系统及其实现路径。主要研究发现与结论集中体现在以下两大方面:

第一,引入共生理论,探索社会科学专业图书馆建设与发展新路径。

随着网络时代社会信息环境的变化，图书馆界正经历着前所未有的巨大变革，以社科院系统图书馆为主体部分的我国社会科学专业图书馆由于历史短暂，资金、资源及专业人才都相对有限，条件与服务平台也较为落后，其效能发挥更承受着越来越多的困难与挑战，为确保这类专业图书馆在信息环境下能够更好地发挥作用，图书馆的发展策略需作相应调整。有鉴于一些妨碍社会科学专业图书馆发展多年的老问题始终没有得到彻底解决，本研究认为，当前的研究应转换思路，另辟蹊径来探讨和谋划这类专业图书馆建设发展问题。要顺应形势发展，改变就事论事的传统研究范式，将社会科学专业图书馆摆在社会发展的大平台上，大胆借鉴社会科学其他学科领域成功的经验，引进先进的社会发展理论，将原先一些有关联的创新思路和变革片段，科学整合为一个系统，逐步确立符合社会科学专业图书馆实际，对实践具有指导价值与意义的社会科学专业图书馆建设与发展理论体系，并在实践中不断丰富拓展其理论内涵。而共生理论便是已经社会科学其他学科领域验证过的，符合社会科学专业图书馆实际，可以引入图书馆事业研究领域，用于探讨社会科学专业图书馆建设与发展问题的一种适用性理论。在图书情报事业由封闭走向开放的时代大背景下，我国的社会科学专业图书馆应首先着力于谋求系统和组织"共生"，促进事业发展。这是其新时期建设发展最为科学而实际的路径选择。

第二，理论联系实际，阐释我国社会科学专业图书馆当前需着力谋求建构的三种最重要共生系统及其实现路径。

1. 着力于特色化资源建设，构建图书馆事业共生系统

地方社科院图书馆是我国社会科学专业图书馆的重要组成部分，自成立以来，一直担负着为本院社科研究提供信息保障的重要职责。近年来，随着我国经济社会的发展，哲学社会科学不断走向繁荣,各种新兴学科、交叉学科大量涌现,当前的一些重大课题研究,往往要涉及多个学科领域,需要跨部门、跨系统联合攻关。而以中小型规模为主的地方社科院图书馆要始终独立面对本院社科研究的所有门类,早已力不从心。本研究认为,无论是着眼于科研创新全方位、高品质的信息需求,还是立足于图书馆自身的长足发展,乃至为推动整个图情事业的进步,社会科学专业图书馆积极谋求构建一定范围内的图书馆事业共生系统已经成为越来越迫切的现实要求。

根据共生理论的基本原理,在共生关系的形成过程中,共生伙伴的选择表现出一定的规律性,任何共生单元都会选择能力强、匹配性好的候选单元作为共生对象。社会科学专业图书馆要谋求构建图书馆事业高效共生系统,当务之急是要明晰自己在图书馆事业互惠共生中的战略地位和战略担当,并以此作为建设和发展原则,指导当前的服务创新实践,通过有的放矢的特色经营,将自己打造成为图情事业互惠共生系统中不可或缺、无法替代的共生单元。本研究认为,社会科学专业图书馆特色化资源建设应从自己专业馆的特点出发,以自己现有的专业化特色馆藏资源为基础,首先着力于信息特色资源建设,并在以后的发展过程中不断对其特色化资源建设内容加以丰富和完善,包括服务特色资源、环境特色资源,等等。

构建图书馆事业共生系统,并努力达到互惠共生的目标模式,有益于盘优盘活所有资源,提升生存能力,把图书馆的单体做大,合成新的竞争优势,从根本上解决我国社会科学专业图书馆在信息资源、服务力量等诸多方面的发展困难,是推动我国图书馆事业整体发展与进步的重要基础性工作。

2. 开展学科化服务、提升读者价值,建构与社会科学研究事业共生系统

图情服务是科研活动的基础与向导,并与科研活动一起,共同支撑着现代科学事业的大厦,服从于现代科学的这种内部分化。在社科院,各研究所是从事科学研究的科研部门,图书馆则是为科研提供文献信息服务的科研(辅助)保障部门。但是,在现行的科层制管理体系中,图书馆与科研所同为社科院所属的两种(个)平行的机构,相互之间的沟通与协调松散而随意,基本没有"利益"交流与交换。两个单位实际是各行其是、各自为政,专业化信息服务对科研工作的保障与促进作用鲜有体现,不少图书馆在社科院的地位也越来越被边缘化。本研究认为,无论是着眼于社科研究对信息服务的保障需求,还是立足于要解决图书馆本身的生存矛盾,乃至为推动整个社会科学事业的发展,都有必要尽快建构社会科学专业图书馆与社会科学研究事业互惠共生系统。

依据共生理论的基本原理,在互惠共生系统中,共生单元之间必须首先存在必然的物质、信息或能量联系。这种联系,表现为共生单元之间按某种方式进行物质、信息或能量交流以弥补单一共生单元在功能上的缺陷,促进共生单元的共同进化。建构社会科学专业图书馆与社科研究高效共生系统,当务之急是要以当前的服务创新为契机,选择合适的切入点,搭建可行的交流平台与沟通渠道,保障并促进图书馆服务与社会科学研究工作的科学互动,顺利实现信息与能量的交流,产生共生利益,实现共同发展。一方面,图书馆要深入了解和掌握当前科研创新的信息需求特点,并以此为导向,务实开展服务创新,切实提高服务绩效,促进科研发展;另一方面,伴随着图情服务品质的提高,服务内容的深化,科研用户必然产生新的需求,从而为图书馆服务创新不断注入新的动力和活力,保障图书馆实现可持续发展。通过这样的良性循环,社科研究与社科图情服务由原来单纯基于信息及信息服务需求与供给的利益对抗关系逐渐演化为稳定而持久的互补互惠式的共生关系。

"学科"是现代高校和科研单位从事学术研究重要而基本的组织单元,在科研单位学科组织建设中,学术物质资料是必不可少的基础设施,它是学科发展的基础条件,是学科组织的"物化"平台,也是学科实力与水平的象征。这个平台包含有研究资金、研究设备与图书馆资料等等,显然,科研单位的图书馆天然地与学科发生联系,二者是一种协同关系。同时,现行体制下的我国社会科学专业图书馆大都隶属于不同的社会科学研究机构,其信息服务本身即具有学术研究导向的价值和意义,为科研服务、为学科建设服务可以说是我国社会科学专业图书馆存在的重要"辩护"。本研究认为,践行"学科化"服务是社会科学专业图书馆从其专业馆的实际出发,提升读者价值,建构图书馆与科研共生系统,并达到互惠共生模式的良好切入点。在当前,社会科学专业图书馆践行学科化服务,还需借鉴科研学科制度,下大力气在图书馆内部业务组织架构和人才结构等方面进行必要的调整与改革,有效提升读者价值,以建构与科研高效共生系统。

构建社会科学专业图书馆与社科研究共生系统,并努力达到互惠共生的目标模式,两个共生单元互相促进、共同发展,是我国哲学社会科学欣欣向荣的基础和保障。

3. 以人为本,实施人本管理,建构图书馆与馆员互惠共生关系

图书馆是一个由多种要素构成的复杂系统,如果从共生理论的研究视角看图书馆,任一图书馆都是一个共生系统,而在这个共生系统之下,存在着多元化、多层次的共生关系。在信息技术高速发展,用户信息需求不断提高的当下,图书馆以及图书馆系统中的诸要素都同样处于急剧的变化之中,但是,技术终究是手段和工具性的。它们永远代替不了人的脑力劳动,技术和手段都需要人去掌握和应用,是为人所需、为人服务的。不管技术如何先进,推动图书馆事业发展、实现图书馆现代化的真正原动力永远是人的力量,与读者需求、事业发展相匹配的图书馆员队伍永远是图书馆发展中的核心要素,图书馆员在图书馆发展中的核心作用永远不会改变。本研究认为,在图馆内部共生系统中,处于核心地位的,始终是图书馆与馆员的共生关系。

相对于"物本管理","人本管理"是指在管理中以人为本,尊重人、关心人,一切管理活动以调动人的积极性和创造性、做好人的工作为根本。"图书馆人本管理"追求并基于图书馆与馆员的协同进步,实现事业的大发展。图书馆人本管理的主体是全体馆员,实施人本管理的理想境界是图书馆与馆员的良性互动,其管理成功的标志是图书馆与馆员实现双赢。世界著名管理学大师德鲁克说过:"个人需要把组织当成完成自己人生目标的手段,组织需要让个人为其做出所需的贡献。"反过来说,如果人本管理的实施目的在社会科学专业图书馆能够落实,那么图书馆与馆员互利互惠、协同共进的共生关系也就会随之形成。社会科学专业图书馆应大力实施人本管理,以实现图书馆与馆员的互惠共生。

图书馆内部共生系统在社会科学专业图书馆共生体系中虽然处于相对微观的位置,但是它对图书馆建设发展的影响却是最直接的,图书馆与馆员的共生关系达到互惠共生的目标模式,是社会科学专业图书馆实现可持续发展的基础保障。

二、研究的局限性与未来的展望

顺应时代的发展,我国经济社会正转向科学发展的轨道,互联网时代,信息产品的载体和结构、信息服务内容和方式、信息用户获取信息的心理和习惯都在发生革命性的变化。为顺应这些变化,走科学发展之路、按规律办事,同样是今天图书馆人寻求事业发展的不二之选。社会科学专业图书馆走共生发展之路,做的是协调和互动,求的是再造和共赢,既放开发展,又加强协调;既用好原有平台,又创造新的平台,以形成此长彼长、合力双赢的共生关系。应该说,这是一种审时度势的科学之选,也是赢得未来的可行之路。

然而，诚如本书序言中所说：一种成熟的理论，有时要经过几代人，甚至更长时间的反复验证，才能够做出准确的判断。笔者将共生理论引入图书馆事业研究领域，借以探讨社会科学专业图书馆的建设与发展问题，为这一领域开辟了一种新的研究视角。但是，由于共生理论在图书馆事业发展研究中的应用才刚刚起步，没有现成的样板可以借鉴，且囿于能力与条件的限制，相对于社会科学专业图书馆事业这一有着丰富内涵的研究主体而言，目前的研究还存在诸多有待深入的地方。例如，对图书馆选择共生发展之路的作用与意义，本研究多是从正面和积极的视角进行分析阐述，而客观上，任何事物都会存在先天的基因缺陷，都有需要补上的木桶短板，共生的联合也应如此；再如，共生不等于互惠共生，从共生到互惠共生还有一段很长的路径需要进行深入探究和规划；等等。但无论如何，共生已成为全球化的大趋势，随着共生学说的发展与完善，人们已越来越接受其"内共生是进化创新的重要来源"的论点。认为在适者生存、弱肉强食的竞争中，还存在着彼此协调、共同进化的关系。可以肯定的是，探索基于共生理论视野下的社会科学专业图书馆建设发展之路，并非权宜之举，而是新时期社会科学图书馆生存与发展的现实和规律的要求。共生理论在这一领域的研究尚有广阔的空间，有待我们不断地去探索。

附 录
◆白云

共生理论与社会科学图书情报服务创新

随着当前哲学社会科学创新工程的顺利实施和全面推进,我国的社会科学图书情报事业也迎来了前所未有的重要发展机遇,适应形势发展、更新办馆理念,通过行之有效的服务创新大力提升服务水平和保障能力,为哲学社会科学创新发展建立信息服务的有力支撑,成为新时期社科图情服务机构面临的主要任务。

在我国,从事社科图情服务的社会科学专业图书馆大多内设于不同的社会科学研究机构,致力于为本单位的社会科学研究提供专业文献信息服务与保障,而不面向社会。服务面窄小,加之受条块分割的体制制约,图书馆各自为政,缺少必要的协调,社会科学专业图书馆一直表现为小、散、弱的整体特征,其经费、资源、人才等各方面实力与公共、高校图情系统均相去甚远。面对服务需求的提高,图书馆大多强调竞争,期望通过服务创新加强能力建设,以提升自身的"竞争力",实现事业发展。但是,由于客观存在着的实力悬殊,单纯地强调提升自身"竞争力",并将其作为社会科学专业图书馆应对挑战的最重要方式和首选对策的服务创新思路,理论上有其合理性,目标和结果却难以实现。这也是目前社科图情服务创新在理论上和实践中不能同步推进的重要原因。

"共生"原是生物学的概念,指两个或多个生物密切生活在一起。共生系统是由共生单元、共生模式、共生环境等要素和机制构成的有机系统。共生的本质是共生单元在分工基础上的合作,以弥补单一单元在功能上的缺陷。在互惠共生关系中,各共生单元之间产生着能量和利益的交换并实现能量增长与共同进化。20世纪中叶以来,共生理论和方法逐渐被借用或借鉴来研究社会问题,其重要的理论前提是将人看作社会人,在人的基础上形成的单位也处在各种共生关系中,从而共生关系的改善是社会发展和进步的必然途径。社科图情服务是图情事业生物圈中的一员,也是社会科学事业的三大成分之一,从直观上看,其与共生也有着必然联系。基于共生理论的基本原理,联系当前实际,我们认为,在图书情报事业由封闭走向开放的时代大背景下,面对科研创新的高品质信息需求,我国的社科图情服务应首先着力于谋求系统和组织"共生"促进事业发展,这是其当前服务创新最为科学而实际的路径选择。

本文仅以地方社科院图书馆为例,从实际出发,阐释我国社科图情服务当前需着力谋求构建的两种最重要共生系统。

一、构建图情事业互惠共生系统

地方社科院图书馆是我国社会科学专业图书馆的重要组成部分,在全国共有40多家,分别隶属于全国30个省、区、市社科院和一些中心城市社科院,他们大多成立于上世纪80年代,一直担负着为本院社科研究提供信息保障的重要职责。近年来,随着我国经济社会的发展,哲学社会科学不断走向繁荣,各种新兴学科、交叉学科大量涌现,当前的一些重大课题研究,往往要涉及多个学科领域,需要跨部门、跨系统联合攻关。而以中小型规模为主的地方社科院图书馆要始终独立面对本院社科研究的所有门类,显然已是力不从心。因此,无论是着眼于科研创新全方位、高品质的信息需求,还是立足于图书馆自身的长足发展,乃至为推动整个图情事业的进步,社会科学专业图书馆积极谋求构建一定范围内的图情事业共生系统已经成为越来越迫切的现实要求。

在共生关系的形成过程中,共生伙伴的选择表现出一定的规律性,任何共生单元都会选择能力强、匹配性好的候选单元作为共生对象。因此,社会科学专业图书馆要谋求构建图情事业高效共生系统,当务之急是要明晰自己在图情事业互惠共生中的战略地位和战略担当,并以此作为建设和发展原则,指导当前的服务创新实践,通过有的放矢的特色经营,将自己打造成为图情事业互惠共生系统中不可或缺、无法替代的共生单元。图情事业互惠共生有益于从根本上解决社科图情服务目前的发展困难,是推动我国图情事业整体发展与进步的重要基础性工作。

二、建构与社科研究事业的互惠共生系统

图情服务是科研活动的基础与向导,并与科研活动一起,共同支撑着现代科学事业的大厦,服从于现代科学的这种内部分化。在社科院,各研究所是从事科学研究的科研部门,图书馆则是为科研提供文献信息服务的科研(辅助)保障部门。然而,在现行的科层制管理体系中,图书馆与科研所同为社科院所属的两种(个)平行的机构,相互之间的沟通与协调松散而随意,基本没有"利益"交流与交换,两个单位实际是各行其是、各

自为政,专业化信息服务对科研工作的保障与促进作用鲜有体现,不少图书馆在社科院的地位也越来越被边缘化。因此,无论是着眼于社科研究对信息服务的保障需求,还是立足于要解决社科图情机构本身的生存矛盾,乃至为推动整个社会科学事业的发展,都有必要尽快建构社科图情服务与社科研究事业互惠共生系统。

依据共生理论的基本原理,在互惠共生系统中,共生单元之间必须首先存在必然的物质、信息或能量联系。这种联系,表现为共生单元之间按某种方式进行物质、信息或能量交流以弥补单一共生单元在功能上的缺陷,促进共生单元的共同进化。因此,建构社科图情服务与社科研究高效共生系统,当务之急是要以当前的服务创新为契机,选择合适的切入点,搭建可行的交流平台与沟通渠道,保障并促进社科图情服务与社科研究科学互动,顺利实现信息与能量的交流,产生共生利益,实现共同发展。一方面,图书馆要深入了解和掌握当前科研创新的信息需求特点,并以此为导向,务实开展服务创新,切实提高服务绩效,促进科研发展;另一方面,伴随着图情服务品质的提高,服务内容的深化,科研用户必然产生新的需求,从而为图书馆服务创新不断注入新的动力和活力,保障社科图情服务实现可持续发展。通过这样的良性循环,社科研究与社科图情服务由原来单纯基于信息及信息服务需求与供给的利益对抗关系逐渐演化为稳定而持久的互补互惠式的共生关系。社科图情服务与社科研究互惠共生,两个共生单元互相促进、共同发展,是我国哲学社会科学欣欣向荣的基础和保障。

随着共生学说的发展与完善,人们已越来越接受其"内共生是进化创新的重要来源"的论点。认为在适者生存、弱肉强食的竞争中,还存在着彼此协调、共同进化的关系。共生已成为全球化的大趋势,探索基于共生理论视角下的社科图情服务创新,亦非一时的权宜之举,而是新时期社会科学图书情报事业生存与发展的现实和规律性要求。

(此文发表于《中国社会科学报》2013年6月14日第B02版)

省域社科文献信息资源建设探析
——基于安徽省社科文献信息资源建设与分布状况的调查与分析

摘要 文章基于"安徽省社科文献信息资源建设与分布调查"所得各项数据的统计分析,研究省域社科文献信息资源建设状况与分布特征,进而就打破"条块分割"、消除"信息鸿沟",高效开发,充分利用省域社科文献信息资源,提出本着先易后难、稳步推进的原则,选择合适的路径逐步实现省域社科文献信息资源整合与共享的对策思考。

关键词 社科文献信息资源 分布状况 调查分析 安徽

省域社科文献信息资源是指一省范围内不同的文献信息系统所拥有的社科类文献信息资源总和。据有关文献信息资源利用的调查表明,信息用户从本地区获得的社科文献信息资源约占全部需求量的80%,从国家各信息系统获得的社科文献信息资源只占12%,从相邻的地域获得的信息资源约占8%。[①] 可以说,省域社科文献信息资源是人们获取相关资源的主要来源。近些年来,随着社会经济发展和哲学社会科学不断走向繁荣,我国各省、市、自治区普遍加快了社科文献信息资源的建设步伐,保障能力明显提升。但是,由于信息资源分布本身所具有的聚集效应和扩散效应,加之受到条块分割的行政管理体制制约,一省范围内,不同地区、不同系统文献信息资源总量分布失衡现象较为严重,在一些经济发展相对落后,财政支

---

① 赵冀,徐璞英:《省域社科文献信息中心建设方案探讨》,载《情报杂志》,2007年第10期,第129～134页。

持力度较弱的地区和系统,尚存在科研人员有了很好的课题,却因为找不到足够的文献信息资料而无法进行深入研究的状况。显然,社科文献信息资源分布不平衡、各自为政的信息服务壁垒对全省哲学社会科学协同发展和整体水平的提高十分不利,不能有效支撑哲学社会科学创新工程的全面推广和不断推进。

本文力图通过对安徽省域个案的调查与分析,研究我国省域社科文献信息资源建设与分布的共性特征,在此基础上,从实际出发,就打破"条块分割"、消除"信息鸿沟",逐步实现省域社科文献信息资源整合共建,实现跨地区、跨系统社科文献信息资源联合保障,提出具有普遍意义的建设性意见与建议。

1. 安徽省域社科文献信息资源建设与分布现状调研

"安徽省哲学社会科学创新工程中的信息服务对策研究"课题组于 2012 年 7 月~10 月,通过电子邮件、纸质邮寄、电话询问或实地调研等方式,面向安徽省内公共系统图书馆、高校系统图书馆、党校系统图书馆和社科院图书馆发放《安徽省社科文献信息资源建设与分布调查表》,调查分"图书馆传统纸质资源建设现状"、"图书馆数字化信息资源建设现状"等两个专题,其中又特辟专项,对图书馆古籍资源状况进行调查。

本次调查范围为:安徽省域内的 33 所(全部)本科院校图书馆、安徽省图书馆及全省 12 个(全部)地级市的市级公共图书馆(安徽省共 16 个地级市,目前六安、亳州、宿州等 3 个市级公共图书馆未建或正在建设当中,池州市图书馆和池州学院图书馆系市院共建,一个资源库,两个服务窗口)、安徽省委党校图书馆及 16 个(全部)地级市的市委党校图书馆、安徽省社科院图书馆,共发放调查问卷 64 套,反馈有效问卷 45 套,总反馈率 70.3%。其中高校系统图书馆发放问卷 33 套,有效反馈问卷 27 套,包括中国科技大学、合肥工业大学、安徽大学、安徽师范大学、安徽财经大学、安徽农业大学、安徽医科大学、安徽工业大学、安徽工程大学、安徽建筑工业学院、安徽中医学院、淮北师范大学、合肥学院、合肥师范学院、安庆师范学院、淮南师范学院、阜阳师范学院、皖西学院、滁州学院、黄山学院、宿州学院、铜陵学院、池州学院、巢湖学院、安徽新华学院、安徽文达信息工程学院、安徽三联学院等27家高校图书馆，系统反馈率81.8％。公共系统图书馆发放问卷13套，有效反馈问卷11套，包括安徽省、合肥市、芜湖市、宣城市、铜陵市、马鞍山市、淮北市、阜阳市、滁州市、蚌埠市、安庆市等11家省、市级公共图书馆，系统反馈率84.6％。党校系统图书馆发放问卷17套，有效反馈问卷6套，包括安徽省委党校、合肥市委党校、铜陵市委党校、马鞍山市委党校、亳州市委党校、蚌埠市委党校等6家省、市级党校图书馆，系统反馈率35.3％。社科院系统图书馆全省仅分布1家，即安徽省社科院图书馆，发放问卷1套，有效反馈问卷1套，系统反馈率100％。四大系统中除党校系统图书馆反馈率较低（按：接受调查并反馈问卷的安徽省委党校图书馆和其他5家市级党校图书馆是我省党校系统图书馆中条件较好的几家，该系统未接受调查的图书馆多因图书馆资源条件较差而不参与调查），其余三大系统图书馆的反馈率都已超过80％。

在我国，省域社科文献信息资源，特别是研究级资源，主要分布在高校、公共、党校、社科院等四大图书馆系统，[①]从本次调查覆盖面和反馈率来看，基本摸清了安徽省域社科文献信息资源建设与分布现状。

1.1 安徽省域社科文献信息资源的系统分布

1.1.1 传统纸质文献信息资源的系统分布

调查结果显示，安徽省域社科文献信息资源在系统分布上，高校系统图书馆资源拥有量居四大图书馆系统之首，且优

---

① 蔡莉静，陈曹维：《河北省社科信息资源现状调查与分析》，载《情报资料工作》，2005年第1期，第72~74页。

势明显。参与调查的 27 家高校图书馆共拥有社科类图书 4111494 种,计 14547879 册,为本次参与调查图书馆社科类图书总种数的 71.2%,总册数的 79.9%。拥有社科类报刊 31774 种,其中中文报刊 31339 种,两项数据都占到该项调查总种数的 60%,外文报刊 435 种,为调查总种数的 56.3%。居第二位的是以安徽省图书馆为龙头的公共图书馆系统,共拥有社科类图书 1411297 种,计 3148834 册,占本次调查社科类图书总种数的 24.5%,总册数的 17.3%。拥有社科类报刊共 15697 种,为本次调查社科类报刊总种数的 30%,其中中文报刊 15360 种,为调查总种数的 29.4%,外文报刊 337 种,为调查总种数的 43.7%。党校系统图书馆和安徽省社科院图书馆因其专业馆的特性,加之图书馆分布及参与调查数量不及高校和公共系统图书馆,其藏书总量也相对较少,参与调查的党校系统图书馆共拥有社科类图书 213287 种,计 451187 册,拥有社科类报刊 5067 种,居第三位。安徽省社科院图书馆馆藏社科类图书 34886 种,68037 册,社科类报刊 461 种,居第四位。

　　古籍是社科类图书的重要组成部分,因其深厚的历史积淀和不可再生的特性而弥足珍贵,也是图书馆最具价值的馆藏品种。据调查统计,本次参与调查各馆共拥有古籍文献 978404 册,其中,公共系统图书馆拥有古籍 487754 册,为参与本次调查各馆古籍总册数的 49.9%,居第一位。高校系统图书馆拥有古籍 485864 册,为调查总册数的 49.7%,略少于公共系统图书馆,居第二位。社科院图书馆馆藏古籍 223 部,4786 册,党校系统图书馆古籍整理工作尚未结束,多家图书馆报来"线装书"册数(共计 6631 册),均未列入统计。

　　1.1.2　社科类数据库资源的系统分布

　　(1)引进社科类数据库的系统分布状况。据调查统计,本次参与调查的省域各馆引进和自建社科类数据库合计 674 个,其中共引进社科类数据库 580 个。参与调查的 45 家图书馆,除阜阳、淮北等两家市级公共馆社科类数据库引进数量为0,其余43家个馆都分别引进了数量从几个到几十个不等的社科类数据库,引进形式主要是镜像和在线访问。其中,高校系统图书馆共引进社科类数据库497个,为该项调查总量的85.7%,遥遥领先于其他系统图书馆。公共系统图书馆共引进社科类数据库45个,为调查总量的7.8%,位居第二。党校系统图书馆共引进社科类数据库32个,为调查总量的5.5%,居第三位。社科院图书馆引进社科类数据库6个,为调查总量的1%。

(2)自建社科类数据库系统分布状况。根据调查统计,参与本次调查的图书馆自建社科类数据库共94个,其中,全文数据库50个,目录数据库18个,目录+题录数据库3个,图文、视频等其他开发形式数据库23个。高校系统图书馆自建社科类数据库51个,占本次调查自建数据库总量的54.3%,排名居四大系统之首;公共系统图书馆自建24个,占调查总量的25.5%,居第二位。党校系统图书馆自建18个,占调查总量的19.1%,社科院图书馆自建社科类数据库1个,占调查总量的1%,分列第三、第四位。

安徽省社科类文献信息资源系统分布数据表

系统	社科类图书		古籍		社科类报刊	社科类数据库		问卷发放馆数	参与调查馆数	参与调查比例
	总种数	总册数	总部数	总册数	总种数	引进	自建			
公共	1411297	3148834		487754	15697	45	24	13	11	84.6%
高校	4111494	14547879	101178	485864	31774	497	51	33	27	81.8%
党校	213287	451187			5067	32	18	17	6	35.3%
社科院	34886	68037	223	4786	461	6	1	1	1	100%
合计	5770964	18215937		978404	52999	580	94	64	45	70.3%

1.2 省域社科文献信息资源的地理分布

从地理分布上看,安徽省域社科文献信息资源高度集中于省会合肥。合肥市域内共有19家图书馆在本次调查范围,各系统龙头及主力馆基本坐落于此。共发放调查表19套,回收反馈 18 套,反馈率达 94.7%,为全省有效反馈问卷总量的 40%。这样的一组数据,本身也直观地反映出合肥地区图书馆事业较为繁荣的发展现状,同时也显示本地区图书馆的合作精神和合作意识已相当浓厚。据统计,合肥市参与本次调查的 18 家图书馆共拥有社科类图书 2860427 种,计 8068712 册,分别为本次调查社科类图书总种数的 49.6%和总册数的 44.3%;共拥有社科类报刊 24138 种,为该项调查总种数的 45.5%;拥有古籍共 547475 册,为该项调查总册数的 56%;拥有社科类数据库 348 个,为该项调查总量的 51.6%,其中引进数据库 292 个,自建数据库 56 个,分别为调查总量的 50.3%和 59.6%。

调查显示,位于皖江开发带中轴线上、经济发展较快的芜湖、马鞍山、铜陵等 3 个地级市同属省内社科文献信息资源拥有量居中等的城市。3 市各有 3 家图书馆参与调查,3 个城市所拥有的社科类图书总量都在 100 万册以上。芜湖市参与调查图书馆馆藏社科类图书合计 450347 种,计 1844791 册,社科类报刊 3837 种,拥有社科类数据库 64 个,其中引进数据库 62 个,自建数据库 2 个。特别值得一提的是,坐落于芜湖市的安徽师范大学图书馆社科类馆藏尤其丰富,该馆社科类图书共 1295862 册,在参与调查各馆中名列第二,仅次于安徽省图书馆。此外,芜湖市的古籍藏量也较为丰富。该市参与调查各馆馆藏古籍共 218331 册,仅次于省会合肥。马鞍山市参与调查各馆共拥有社科类图书 371010 种,计 1097760 册,社科类报刊 1606 种,拥有社科类数据库 34 个,其中引进数据库 29 个,自建数据库 5 个。铜陵市参与调查各馆共拥有社科类图书 270747 种,计 1082913 册,社科类报刊 1537 种,拥有社科类数据库 33 个,其中引进数据库 27 个,自建数据库 6 个。

在安徽 16 个地级市当中,社科文献信息资源分布较少的城市为亳州市和宣城市。这是安徽省目前仅有的两个无本科院校分布的地级市,两市符合调查界定范围的图书馆也较少。

分别只有1家图书馆参与。他们的社科类图书拥有量均不足10万册,在省域社科文献信息资源总量中所占比例极小。两市的资源状况也印证了高校系统图书馆在地方社科文献信息资源分布架构中的强势地位。

2. 安徽省域社科文献信息资源建设与分布状况特点分析

2.1 取得的成绩

2.1.1 社科文献信息资源建设步伐加快

繁荣发展的社科研究事业带动了省域社科信息资源利用和需求的提高,而地方经济社会不断发展也为图书馆信息资源快速积累增量提供了必要的经费保障。参与本次调查的45家图书馆,文献信息资源年度购置经费超过1000万元的有2家,在500万元~1000万元之间的有3家,另有27家图书馆的年度采购经费在100万元~500万元之间不等。与此同时,随着图书馆馆藏数量的增加,图书馆的馆舍规模也在不断扩大,高校图书馆新馆建设此起彼伏,省市公共馆也不断有老馆扩建或新馆建设项目立项,2011年和2012年,安徽省两家最重要的社会科学专业图书馆:安徽省委党校图书馆、安徽省社科院图书馆先后搬迁新馆。图书馆可持续发展空间难题在省级财政的支持下得到不同程度的改善。

2.1.2 安徽省域社科文献资源已具备相当规模

参与本次调查的45家图书馆馆藏印刷型图书共8712405种,计32720322册,报刊91789种,而其中社科类图书的种数和册数分别占到总种数的66.2%和总册数的55.7%,社科类报刊占报刊总种数的57.7%。不仅仅是党校和社科院所属的社会科学专业图书馆馆藏文献以社科类资源为主,在一些其他类型图书馆中社科类文献在馆藏总量中所占比例也较高。安徽省图书馆的328万册藏书中,社科类图书超过60%,这在全国同等级公共图书馆中也是一个较高的比例。安徽大学图书馆馆藏图书1607216册,社科类图书达1217645册,超过藏书总量的75%。安徽师范大学图书馆藏书1820365册,其中社科类图书共1295862册,超过藏书总量的70%。在调查中,我们还特别注意到,一些以自然科学专业为主的高校也将社科类信息资源建设摆在了一个较高的位置,给出了较高的资源购置比例。例如,安徽建筑工业学院图书馆将年度采购经费总量250万元中的40%确定为社科类信息资源建设资金。该馆现有藏书106万册,其中社科类图书达50%,计53万册;安徽农业大学图书馆藏书756750册,其中社科类图书更是占到馆藏总量的57%,为429460册。调查显示,安徽省域社科文献资源已具备相当规模,参与调查各馆馆藏社科类图书合计5770964种,计18215937册,社科类报刊合计52999种,其中,中文报刊52227种,外文报刊772种。

2.1.3 四大系统图书馆共同促成学科结构较为完整的省域社科文献信息资源体系

长期以来,省域四大系统图书馆根据各自的性质、任务,有针对性地入藏与所在机构信息需求相吻合的社科文献信息资源,共同促成了学科结构较为完整的安徽省社科文献信息资源体系。目前,公共馆中的安徽省图书馆、高校馆中的安徽师范大学图书馆和安徽大学图书馆实力较强,馆藏社科文献信息资源学科完备、结构合理,在安徽省域社科文献信息资源分布结构中具有举足轻重的地位和作用。安徽省委党校图书馆的20余万册藏书,以马列主义、毛泽东思想、邓小平理论和建设有中国特色社会主义理论等经典文献为核心,以专业教学和研究文献为重点,其藏书结构具有鲜明的党校特色。安徽省社科院图书馆自1983年建馆以来,始终围绕自己的专业化服务方向组织资源建设。目前,该馆藏书涵盖了社会科学各个学科,尤其在大型历史资料丛书和安徽省地方文献收藏领域已形成一定特色。

2.1.4 古籍文献资源丰富,古籍整理成效显著

安徽历史悠久,人文渊薮,古籍藏量丰富,仅安徽省图书馆

古籍收藏就达35万册,其中古籍善本3千余部,3万余册。截止到2010年,安徽省共有259部古籍入选《国家珍贵古籍名录》,安徽省图书馆、安徽中国徽州文化博物馆、安徽大学图书馆、安徽师范大学图书馆、安徽中医学院图书馆和安徽省博物馆6家古籍收藏单位挂牌全国古籍重点保护单位。目前,全省古籍普查登记目录已经建立,全国古籍普查平台开始在省内应用。由安徽省图书馆牵头,安徽大学图书馆、安徽省社科院图书馆等多家单位共同承担的《中华古籍总目·安徽卷》的编纂工作已经启动。

据调查统计,参与此次调查的45家图书馆中,有21家个馆分别有不同数量的古籍收藏,除安徽省图书馆的35万册古籍收藏外,安徽师范大学图书馆古籍藏量也较大,为190499册。此外,馆藏古籍超过3万册的还有安庆市图书馆,馆藏古籍85317册;安徽大学图书馆,馆藏古籍53833册;淮北师范大学图书馆,馆藏古籍49291册;中国科技大学图书馆,馆藏古籍44286册;安徽中医学院图书馆,馆藏古籍33000册。古籍藏量在万册以上的还有芜湖市图书馆、合肥师范学院图书馆、合肥工业大学图书馆、安庆师范学院图书馆、阜阳师范学院图书馆、蚌埠市图书馆。目前,安徽省图书馆古籍书目数据库和安徽大学图书馆馆藏古籍题录数据库已建成并提供读者查询,安徽省社科院、安庆市图书馆、蚌埠市图书馆等多家图书馆的馆藏古籍书目数据库正在加紧建设当中。

2.2 存在的问题

2.2.1 资源高度集中,分布极不平衡

调查显示,安徽省域社科文献信息资源高度集中,分布极不平衡。在系统分布上,高校系统图书馆因拥有中国科技大学、安徽大学和安徽师范大学等一批国家级重点和省级重点高校,资金、资源丰富,人才、技术力量雄厚,加之该系统图书馆个体数量上的优势,其社科文献信息资源占有量大大高于其他图

书馆系统。据统计,参与本次调查的公共系统图书馆、党校系统图书馆和社科院系统图书馆合计拥有社科类图书总册数仅相当于高校一个系统参与调查各馆藏书总册数的25%;再从地理分布上看,省内社科文献信息资源高度集中于省会合肥,合肥无论在资源数量、质量、品种、结构和文献保障方面都远远超过省内其他城市,成为名副其实的安徽省社科文献信息中心。

2.2.2 馆藏资源重复率高

调查结果显示,由于没有形成全省范围内的统一协调,安徽省内不同地区、不同系统图书馆个体间社科类馆藏资源重复率较高,尤其是一些中、小型专业馆和公共馆,原本已受采购经费不足的困扰,却又在"各自为政"的服务格局下,苦苦追求着资源建设的"面面俱到",不必要的重复所造成的浪费一直在持续。以近年来为各馆所普遍重视的电子资源建设情况为例,参与本次调查的各个图书馆所购买的商业电子资源中,CNKI、超星、读秀、维普等相当一部分数据库品种都具有较高的重复性。其中,CNKI期刊全文数据库和超星数字图书馆分别都有28家图书馆购买,占参与调查图书馆总数的62%。这些数据库价格不菲,采购重复率高,无疑会加重图书馆的经济负担,造成浪费的同时,也势必影响了其他资源的添置。[①] 这种重复与短缺并存,"大而全"、"小而全"的单一馆藏格局难以促成各馆之间的优势互补,也羁绊和束缚了图书馆整体保障与服务水平的提高。

2.2.3 对特色数据库开发建设重视程度不够

据调查分析,目前安徽省域各图书馆自建社科类特色数据库主要有3大方面的内容:(1)高校、党校和社科院系统图书馆

---

① 王倩,刘金玲:《图书馆联盟电子资源的重叠及互补关系定量研究——以四川省高校图书馆为例》,载《图书馆论坛》,2012年第5期,第118~121、117页。

为服务教研而建的院(校)科研成果数据库。(2)各系统图书馆联系地域文化、地方特色,积累并挖掘馆藏优势而建的馆藏特色资源数据库,如安徽大学图书馆开发的徽学系列数据库、安徽省图书馆开发的安徽名人书札数据库等。(3)高校图书馆为推动和促进本校学科建设和发展,集中反映本校学科优势和办学特色而开发建设的专业特色资源数据库。例如,安徽农业大学开发的"大别山道路"特色数据库、合肥工业大学开发的徽州建筑文化特色数据库等。

安徽是著名的文化大省,具有悠久的历史文化传统和丰富的地域文化积淀,近年来的经济发展势头良好,其中的特色可圈可点者不少,为图书馆特色资源建设及其数据库开发储备了大量优秀题材。从本次参与调查各馆所提供的社科类特色数据库建设情况分析,安徽省图书馆、安徽大学图书馆、安徽工业大学图书馆等几家单位做得较好,其中安徽省图书馆特色数据库汇聚了安徽地方戏曲、工艺、美术及建筑等众多传统文化元素,分门别类建成 11 个特色数据库,为读者提供图文并茂、有声有色的特色服务,极大提高了图书馆服务水平。然而,就全省范围来看,社科类特色数据库建设还未得到大多数馆的重视,参与本次调查的 45 家图书馆中,已建有社科类特色数据库的共 22 家,为参与调查图书馆的 48.8%,建库数量合计 55 个。也就是说,目前还有超过一半的图书馆没有开发建库。与省域各系统图书馆给予社科类文献资源建设的重视程度相比较,其特色数据库建设的积极性要低了很多。且各单位自建特色数据库内容和题材没有形成协调互补,已建成的特色数据库内容、题材也不甚丰富,特别是还有许多涉及安徽经济发展、地域文化及资源特色,目前已具备开发建库条件的优秀题材,未得到图书馆关注。

2.2.4 省城社科信息资源服务与共享平台缺位

目前,安徽省域内已开通两大(图书馆联盟)信息资源共享平台:(1)安徽省高校图书馆资源服务共享平台,整合安徽省高校图书馆资源优势,面向省内大专院校,提供"一站式"检索服务,通过文献传递的方式,实现省域高校系统图书馆资源的共知共享。① (2)安徽省科技文献信息资源共享平台,由安徽省科技情报所联合中国科技大学、合肥工业大学、安徽大学、安徽农业大学、安徽医科大学、安徽省标准化研究院和安徽省农科院等7家单位,整合集成省内相关部门的科技信息资源,实现了省域科技信息资源的共建共享。② 相比之下,省域社科信息资源的共建共享明显落后,尤其是跨地区、跨系统的专业交流与合作基本空白,省域社科信息资源服务与共享平台缺位。

基于"安徽省社科文献信息资源建设与分布调查"所得一个个基础数据的统计与分析,我们深切感受到了安徽省社科信息服务事业的进步与发展。但同时也意识到,在当前图书情报事业由封闭走向开放的时代大背景之下,面对哲学社会科学创新工程的伟大历史实践,省域社科信息服务在资源配置、信息分布等方面还存在许多改进的空间。研究并选择合适的路径,本着先易后难,稳步推进的原则,逐步实现省域社科文献信息资源整合与共享已是当务之急。

3. 对省域社科文献信息资源建设的思考

从全国范围来看,目前尚未形成一个成熟有力的省域社科文献信息资源联合保障系统,各省域社科文献信息资源基本都还散见于各系统图书馆,规模效应难以发挥。上述有关安徽情况的调查与分析虽是据一省资料整理、概括出来的,具有本省地域特色,但若从国情、体制、制度层面观察,就行业或系统来

---

① 安徽大学图书馆:《信息服务/安徽省高校资源共享服务平台使用说明》[EB/OL]. [2011-5-26]. http://www.lib.ahu.edu.cn/modules.php?name=xxfw&pa=showpage&pid=75。

② "安徽省科技文献信息资源共享服务平台"通过验收[EB/OL]. [2008-12-30]. http://www.hfgjj.com/n7216006/n7497454/n7497608/n7498529/7581552.html。

说,在某种意义上也具有普遍性,即全国各省域基本特点是一致的,而其存在的问题也是大同小异。因此,基于安徽省社科文献信息资源建设与分布状况的调查与分析同省情相应,也在一定程度上与国情相符,对于从实际出发,研究省域社科文献信息资源协同保障,逐步实现跨地区、跨系统资源整合,共建共享具有普遍的参考意义。

3.1 高校图书馆社科文献信息资源应尽快提供社会共享

省域社科文献信息资源高度集中于高校系统图书馆是本次调查所凸显的主要特点之一。在资源状况仅次于省会合肥的芜湖市,域内安徽师范大学图书馆馆藏社科文献信息资源超过全市调查总册数的70%。安徽省社科文献信息资源分布总量最少的两个城市:亳州市和宣城市,域内均无本科院校分布。显然,高校图书馆丰富的社科文献信息资源能否提供地方共享对当地科研发展的影响是巨大的。2002年2月21日,教育部颁发的《普通高等学校图书馆规程(修订)》第21条已明确提出:"有条件的高等院校图书馆应尽可能向社会读者和社区读者开放,面向社会的文献信息和技术咨询服务,可根据材料和劳动的消耗或服务成果的实际效益收取适当费用。"①近年来,高校图书馆虽然也承担了一些社会责任,但绝大多数图书馆对向社会开放缺乏主动性,没有形成多少系统完整的服务内容。在安徽,目前只有安徽财经大学、安徽工业大学、安徽科技学院、淮南师范学院、皖西学院、宿州学院、池州学院等少数几所高校图书馆制定了校外读者办证或借阅收费规章制度,为校外读者提供有偿服务。②事实上,在专业文献信息资源方面有需求的用户不是很多,采取合适的方式、确定适当的范围向社会

---

① 教育部关于印发《普通高等学校图书馆规程(修订)》的通知[EB/OL].[2002-2-21]. http://www.edu.cn/20020610/3058180.shtml.
② 李一梅:《高校图书馆提升社会大众信息意识的途径与策略研究》,载《图书馆论坛》,2012年第3期,第132~135、189页。

开放,对其校内服务的影响是有限的,图书馆所承受的压力也不会很大。我们认为,目前重要的是要完善地方政府的鼓励与配套措施,通过出台政策,设法提高高校图书馆向社会服务的积极性,使高校图书馆丰富的社科文献信息资源得到更加充分的利用。

3.2 先行构建省会城市社科文献信息资源联合保障系统

目前,安徽省的科研创新主体已经呈现出开放、联合态势,皖江开发、合芜蚌整体战略、省会城市圈建设等国家级和省级重大科研建设项目都是整合全省多个地区、多个系统的优质科研力量,联手攻关,并已探索出一条突破原有体制机制框架、跨地区协作联动创新发展的成功路径。打破狭小的服务范围,实现跨地区、跨系统的科研合力已成为形势发展的迫切需要。本次调查显示,省会合肥图书馆事业的繁荣状况远远超过省内其他城市,所拥有的社科文献信息资源数量和质量均以明显优势位居全省之首。同时,合肥市域内聚集了安徽省社科院、安徽省委党校和安徽大学等本省哲学社会科学研究重点单位,当前的科研创新对资源共享需求迫切。我们认为,可考虑先行构建合肥市社科文献信息资源联合保障系统,按照共知、共建、共享的建设思路,联合域内社科文献信息资源藏量较为丰富的社科院、党校、高校和公共系统图书馆,整合集成现有文献信息资源,建设合肥市社科文献信息资源共享平台。建立联合目录,开通"一卡通"借阅服务,开展馆际互借、文献传递和联合参考咨询等协同服务。并随着共建共享、联合服务范围与服务内容的逐步扩大与深化,不断总结经验,推广普及,为尽早构建覆盖全省的社科文献信息资源联合保障系统积累经验,提供建设指导。

3.3 逐步推广省会经验,早日实现省域社科文献信息资源共建共享

本次调查显示,省域社科文献信息资源条块分割,分布不

合理,特色资源建设没有形成互补。一方面,经费缺乏,资源不足;另一方面,又存在着重复建设、资源闲置的现象。因此,破除各自为政的传统服务方式,确立统一的协调机构,充分利用现代网络与信息技术,构建覆盖全省的社科文献信息资源联合保障系统,早日实现省域社科文献信息资源共建共享是改变目前不合理资源建设与分布状况,从根本上提高全省社科信息服务整体保障水平和服务质量,促进哲学社会科学创新工程快速全面发展的最有效路径。

省域社科文献信息联合保障系统的建设应争取得到地方政府及其财政的大力支持,以省会城市为中心,逐步扩展、辐射到全省各地市。要成立全省社科文献信息服务中心,建设省域社科信息资源共享综合应用平台,开展馆藏文献的联合采集和资源建设的馆际协调,确保全省社科文献信息资源高效、有序利用,推动全省社科文献编目工作的标准化、规范化,形成省域联网的书目信息系统,实现全省图书馆社科文献联合编目,馆藏书目数据的联网查询、网上馆际互借和预约外借、数据库资源提供网上共享,联合开展数字化参考咨询和信息服务等。

(本文发表于《情报资料工作》2013年第4期,被人大复印报刊资料《图书馆学情报学》2013年第10期全文转载。)

社会科学专业图书馆参与建构的图书馆事业共生系统
——CASHL与中国社会科学院图书馆的合作

CASHL全称为"中国高校人文社会科学文献中心"(China Academic Social Sciences and Humanities Library),于2004年3月正式启动并开始提供服务,是教育部高校哲学社会科学"繁荣计划"的重点项目之一。CASHL的服务原则是"资源共享、服务大众",其最终目标是完整收藏国外人文社会科学期刊及其他类型文献,建设成为"国家哲学社会科学资源平台"。CASHL 是由具有学科优势、文献资源优势和服务条件优势的 17 个高校图书馆组成的虚拟信息服务机构,通过有计划、有系统地引进国外人文社会科学期刊,并利用网络为全国高校和科研单位提供文献传递服务,是我国目前唯一的全国性人文社会科学中外文期刊保障体系,与国家科技图书文献中心(NSTI)和中国高等教育文献保障系统(CALIS)优势互补。至 2012 年,CASHL 已收藏 11796 种国外人文社会科学领域的核心期刊和重要期刊;1799 种电子期刊以及 34 万种早期电子图书、52 万种外文图书,其中,被 SSCI 和 AHCI 收录的核心期刊有 3000 多种(CASHL 标志为"核心")[1],并已提供文献传递服务 80 多万笔。

从 2006 年开始,CALIS 管理中心密切结合各地用户需求,联合 CALIS 东北、华北、华中、华南、华东北、华东南、西北和西南区域中心或代行区域中心,并依托各省高校图工委,开展面向区域的"CALIS 走入…"宣传推广活动,每年都组织人员主要针对各地区的高校图书馆及其用户,同时也邀请当地的省图书馆、市图书馆、社科院图书馆、军队院校图书馆等参加,推广 CALIS 的资源与服务,吸纳更多成员馆加入。扩大 CALIS 的知名度,并有计划、有规律地开展文献传递优惠活动。活动的口号是"哪里有用户,哪里就有我们",表明了 CALIS 作为图书馆共建共享体系和成员馆之间的合作共赢关系。积极有效的推广活动吸引了全国各地众多图书馆纷纷加入 CALIS,通过共建共享为本区域和本单位的教学科研提供了有力的文献支撑和保障。

众所周知,社会科学院和高等学校同为我国社会科学研究与教学的主力军。中国社会科学院作为国家级哲学社会科学

---

[1] 陈涛:《解读 CASHL 与中国社会科学院的合作》,载《大学图书馆学报》,2013 年第 2 期,第 31~34 页。

研究机构,拥有40个研究所、3800多名研究人员。肩负着构建哲学社会科学创新体系,建设马克思主义的坚强阵地,建设我国哲学社会科学研究的最高殿堂,建设党中央国务院重要的思想库和智囊团的神圣使命。中国社会科学院图书馆系统由院图书馆和17个独立的研究所图书馆(含研究生院)组成。全院图书馆藏书总量近600万册,以及大量电子资源,主要承担着为社科院的科学研究提供文献信息资源保障的重要任务。中国社会科学院图书馆(文献信息中心)是我国最大的社会科学专业图书馆,在国家图书馆事业构成中占有一定位置。其前身是中国科学院哲学社会科学学部的情报研究室,成立于1957年,历经半个多世纪的建设发展,馆藏书几乎覆盖人文社会科学的所有学科,涉及中外文40多个语种。进入新世纪,为适应环境的变化,基于改革传统的资源结构和服务模式,提高资源利用的方便程度、资源质量和数量的保障力度以及图书馆服务的主动性和针对性,显著提升科研人员在网络环境下利用信息的满意程度的现实发展需要,中国社会科学院图书馆努力强化图书馆联盟的作用,积极倡导资源共建共享,一直关注CASHL的进展,并最先引进了CASHL的服务,使社科院的学者受益良多。2008年,中国社科院图书馆与CASHL正式结成战略合作关系,为本院学者提供网上文献传递服务,外文期刊的保障能力由1000种增加到8500种。[①] 2013年,中国社科院图书馆陈涛老师采用对比分析、问卷调查和实地调查方法,选择中国社会科学院极具代表性的法学所和经济所收藏的外文期刊与CASHL期刊进行比较,分析合作的战略定位和实践当中的作用体现。研究表明,CASHL的主体期刊收藏方向与中国社科院资源结构基本吻合,基本满足读者科学研究需求,尤其是CASHL汇集了SSCI和A&HCI收录的外文社会科学期

---

① 杨沛超:《社会科学情报事业发展的历史轨迹与未来走向——以中国社科院图书馆为例》,载《情报资料工作》,2008年第6期,第9~13页。

刊文献，集合了17所高校图书馆的精华，构成了一个多语种、多文献类型的服务系统，从资源的种类、数量和质量上说，都为社科院读者提供优质的外文资源保障服务。不仅如此，陈涛的研究还进一步指出：CASHL的资源丰富，甚至覆盖了社科院采购的80%以上的外文期刊，但是，由于CASHL目前仍然存在一些问题，如目录数据不准确、更新较慢等，尚无法稳定、持续地提供文献服务，而社科院研究任务较重，文献保障工作至关重要。因此，暂时不会仿效某些高校停订部分外刊，完全依赖CASHL来满足这部分文献的需求的做法。而是基于社科院读者的科研需求及CASHL的资源特点，将CASHL作为本院现有资源的有力补充，不断推进服务的广度与深度。具体做法是，在服务中首推本院自购的纸本和电子资源，实现社科院读者文献获取的多渠道化，待CASHL的服务发展到非常成熟的阶段，院图书馆即可以考虑消减部分低利用率外文期刊的订购，而完全利用CASHL满足读者对这部分资源的需求。届时，CASHL将真正成为社科院资源的一部分，在社科院的科研中发挥更加重要的作用。①

中国社科院图书馆多年来注重外文期刊的订购与收藏，在此领域形成了突出的馆藏优势，正是基于这样的优势资源积累而为CASHL所青睐，并与CASHL结成战略联盟，开创了跨系统合作的先河。通过这样的合作，社科院图书馆一方面能够利用CASHL为本院科研人员提供更为丰富的资源和优质服务，同时，他们也利用CASHL的统一平台，向高校学者提供CASHL未收藏的300种外文期刊传递服务，进一步提高了CASHL的资源保障能力。自2008年双方签订合作协议以来，中国社科院已经参加了CASHL举办的多次优惠服务月活动。2009年社科院图书馆进一步加强CASHL文献传递的宣传，举

---

① 陈涛：《解读CASHL与中国社会科学院的合作》，载《大学图书馆学报》，2013年第2期，第31～34页。

办了"CASHL走进社科院"的推广活动,邀请CASHL管理中心领导和院内各所图书馆负责人就做好文献传递工作进行研讨,对部分研究所给予了文献传递补贴,促进了注册人数的增加。2009年年底,CASHL管理中心授予中国社科院图书馆年度"特别贡献奖"。[①] CASHL与中国社科院图书馆的合作,实现了跨系统、跨区域的实质性资源共享。应该说,这是一种具有互补性的合作联盟,是社会科学专业图书馆参与建构的图书馆事业共生系统的典型实例。据上述分析可见,这一共生体目前正处在连续性互惠共生模式当中,随着各方面条件的成熟,正逐步、也完全有可能过渡到一体化互惠共生模式。

---

① 蒋颖:《中国社会科学院图书馆系统2009年年度发展报告·中国专业图书馆发展报告2010》,北京:科学出版社,2011年,第140～151页。

参考文献

一、专著

[1] 刘纪兴.社会科学图书情报工作特殊性研究.武汉:武汉大学出版社,2000

[2] 孙振钧,王冲.基础生态学.北京:化学工业出版社,2007

[3] 朱有志,贺培育,刘助仁等.思想库 智囊团——社会科学院初论.北京:社会科学文献出版社,2011

[4] 许芳.企业共生论——和谐社会理念下的企业生态机理及生态战略研究.北京:中国财政经济出版社,2006

[5] 何畔.战略联盟:现代企业的竞争模式.广州:广东经济出版社,2000

[6] 初景利.图书馆发展变革与服务转型.北京:国家图书馆出版社,2012

[7] 吴涛,王关锁.图书馆科学发展的理念与实践.北京:中国书籍出版社,2013

[8]吴慰慈,董焱.图书馆学概论(修订本).北京:北京图书馆出版社,2002

[9]张晓林.中国专业图书馆发展报告(2010).北京:科学出版社,2011

[10]李笑野,陈骁,王伯言主编.再造大学图书馆.上海:上海社会科学院出版社,2013

[11]杨沛超.中国图书情报事业发展研究.北京:国家图书馆出版社,2010

[12]杨松令,刘亭立.上市公司大小股东关系:基于共生理论的研究.北京:中国经济出版社,2012

[13]易向军.图书馆软环境建设.合肥:安徽大学出版社,2011

[14]易克信,赵国琦.社会科学情报学理论与方法.北京:社会科学文献出版社,1992

[15]查炜.社会科学创新中的文献信息服务——社会科学个性化信息服务体系创新研究.济南:山东人民出版社,2010

[16]胡守钧.社会共生论.上海:复旦大学出版社,2012

[17]胡昌平.国家可持续发展的图书情报事业战略.北京:北京图书馆出版社,2006

[18]徐引篪,霍国庆.现代图书馆学理论.北京:北京图书馆出版社,1999

[19]徐建华.现代图书馆管理.天津:南开大学出版社,2003

[20]袁纯清.共生理论——兼论小型经济.北京:经济科学出版社,1998

[21]袁纯清.和谐与共生.北京:社会科学文献出版社,2008

[22]袁纯清.金融共生理论与城市商业银行改革.北京:商务印书馆,2002

[23] 黄长著等.网络环境下图书情报学科与实践的发展趋势.北京:社会科学文献出版社,2010

[24] 彭俊玲.专门图书馆研究.北京:中国书籍出版社,2006

[25] 程雁雷,宋宏.教科文与安徽发展共生形态研究.合肥:安徽人民出版社,2012

[26][美]迈克尔·E.波特.竞争优势.北京:中国财政经济出版社,1998

二、期刊

[1] 于春莉.基于信息服务的图书馆核心竞争力研究.情报资料工作,2012(1)

[2] 王世伟.当代全球图书馆事业面临的难题与挑战.中国图书馆学报,2008(1)

[3] 王红露.走向知识服务的范式演进.图书馆学研究,2008(4)

[4] 王春生.军队院校图书馆事业整体化建设的进展与启示.河北科技图苑,2000(3)

[5] 王洁慧,胡筱华.顾客价值战略在高校图书馆读者服务中的运用.图书馆学刊,2010(10)

[6] 王曼.图书馆联盟是实现书目信息资源共享的重要途径——以中国社会科学院图书馆为例.情报资料工作,2009(4)

[7] 王喜和.图书馆人本管理的内涵与特征新论.图书馆论坛,2010(2)

[8] 邓小昭.支撑社会科学创新的社科信息工作机制.情报科学,2001(3)

[9] 丛敬军.我国社科信息开发利用的创新与发展.图书馆学刊,2002(4)

[10] 卢刚.网络环境下地方社科院图书馆发展建设问题.求索,2004(6)

[11] 生修雯.学科化背景下图书馆核心用户服务研究.国家图书馆学刊,2010(4)

[12] 申艳琴.地方社科院图书馆面临的挑战及其出路.企业家天地,2008(4)

[13] 白云.对地方社科院图书馆建设和发展若干问题的思考.情报资料工作,2006(2)

[14] 白云.共生理论与社会科学图书情报服务创新.中国社会科学报,2013年6月14日

[15] 白云.当前信息环境下地方社科院图书馆的发展障碍与对策.情报资料工作,2012(2)

[16] 白云.社会科学专业图书馆核心功能及实现路径探析.图书馆理论与实践,2013(9)

[17] 白云.省域社科文献信息资源建设探析——基于安徽省社科文献信息资源建设与分布状况的调查与分析.情报资料工作,2013(4)

[18] 石玉华.网络环境下的社会科学信息资源建设.中州学刊,2004(7)

[19] 石聿根.图书馆核心能力及其培育.大学图书情报学刊,2012(2)

[20] 石戒川,王伟.专业图书馆从信息服务到知识服务的探析.图书情报工作,2010(增刊2)

[21] 龙叶,白庆珉.图书馆知识联盟的共生理论研究.情报科学,2008(1)

[22] 任宁宁.泛在图书馆与社科院图书馆的服务创新.情报资料工作,2012(4)

[23] 任学峰,李坤,顾培亮.顾客价值战略与企业竞争优势.南开学报,2001(5)

[24] 任青.网络环境下学术研究的信息需求与服务模式.图书馆论坛,2005(6)

[25] 任强,杨晓红,郝春梅,于桂宝,何炜.生物共生理论对构建和谐社会的科学指导意义.西南农业大学学报(社会科学版),2007(12)

[26] 关志英,章洁.图书馆共建共享联盟区域宣传推广效果的实证研究——以"CASHL走入…"活动为案例.大学图书馆学报,2012(2)

[27] 刘双印.新形势与我国图书馆的改革思考.金融教学与研究,2004(3)

[28] 刘布宪.图书馆员工的激励模式分析.四川图书馆学报,2009(4)

[29] 刘传标.建构地方社科院文献资料工作读者价值导向的管理体系.情报资料工作,2001(6)

[30] 刘作奎,高春玲.网络工具与社会科学研究——方法与悖论.欧洲研究,2006(2)

[31] 刘芳.论阮冈纳赞的图书馆学五定律对地方社科院图书馆工作的指导意义.图书馆工作与研究,2005(2)

[32] 刘勇.基于价值链思想的图书馆读者关系管理分析.图书情报工作,2008(1)

[33] 刘海萍.谈图书馆"人本管理"的实现.高校图书馆工作,2005(4)

[34] 刘磊.区域图书馆整体协同发展模式的比较研究.情报资料工作,2010(5)

[35] 刘磊.网络环境下我国社科信息事业发展的区域协同问题.中国图书馆学报,2002(6)

[36] 孙慧.地方社科院图书馆服务危机的成因及应对策略.情报探索,2012(6)

[37] 朱昱.略论专业图书馆用户信息需求特点与个性化服务对策.江西图书馆学刊,2008(3)

[38] 朱晓华.在合作中生存发展——论图书馆联盟.图书

情报工作,2004(7)

[39]汤华.区域图书馆联盟共生要素、类型和机制分析.吉林广播电视大学学报,2012(6)

[40]许长江.社会科学专业图书馆的组织形式、工作内容及业务研究.社会科学管理与评论,2002(3)

[41]许军林,朱俊波.异质性区域图书馆联盟目标管理探析——基于以高校为主体的地方图书馆联盟模式.图书馆学研究,2010(8)

[42]许军林.异质性区域图书馆联盟资源建设与整合研究.理论与探索,2011(2)

[43]何东红,王超湘.了解读者需求 提高服务水平——地方社科院图书馆读者调查问卷分析.情报资料工作,2006(6)

[44]何自力,徐学军.生物共生学说的发展与在其他领域的应用研究综述.企业家天地(理论版),2006(11)

[45]余国军.探讨高校图书馆读者调查的应用价值.图书情报论坛,2012(5)

[46]吴飞驰."万物一体"新诠——基于共生哲学的新透视.中国哲学史,2002(2)

[47]吴飞驰.关于共生理念的思考.哲学动态,2000(6)

[48]张小慧.试论专业图书馆在知识经济时代的定位和功能.经济与社会发展,2003(10)

[49]张江林,王丽香.社科院图书馆个性化信息服务探析.兰台世界,2011(11月中旬)

[50]张怀涛,张绍仁,周晓燕.中国图书馆的改革历程与方向.图书馆理论与实践,2000(1)

[51]张明霞,李玉娥.十年来图书馆人本管理研究综述.图书与情报,2009(4)

[52]李小梅,马健萍,沈蔚晴.图书馆人本管理:内涵与特征.图书馆杂志,2002(2)

[53] 李元书.理论创新与哲学社会科学的发展——兼论中国现阶段理论创新的形式、限度和内容.学习与探索,2009(5)

[54] 李东来,冯玲.区域图书馆整体协同发展的实现路径研究.图书与情报,2009(6)

[55] 李永先,染旭伦.学科化联合信息服务合作系统的构建.新世纪图书馆,2009(4)

[56] 李成龙.发展滞后与开拓创新——地方社科院图书馆存在的问题与发展对策探讨.中国科协 2003 年学术年会论文集(下)

[57] 李杨.浅析高校图书馆信息服务中的信息不对称.农业图书情报学刊,2013(7)

[58] 李武红.社科信息服务对社科理论创新的影响.黑龙江教育学院学报,2008(5)

[59] 李金莲.信息情报工作在科技创新中的作用.社科纵横,2005(6)

[60] 李晓萍.网络时代跨系统的图书馆馆际合作研究.图书馆建设,2009(9)

[61] 李雪松.图书馆重点用户服务模式探析.图书馆工作与研究,2008(11)

[62] 李琦.图书馆"弱势个体"定位及其生存环境构建.内蒙古科技与经济,2012(5)

[63] 李燕.共生哲学的基本理念.理论学习,2005(5)

[64] 杜静玲,夏芸,刘文平.科研院所图书馆学科化服务探究.图书情报工作,2012年(增刊2)

[65] 杨小琴.图书馆的作用之我见.图书馆学,2005(4)

[66] 杨木容,黄如花.面向科研院所创新需求的图书馆服务对策研究.情报资料工作,2010(3)

[67] 杨玲丽.共生理论在社会科学领域的应用.社会科学论坛,2010(16)

[68] 汪春芳.学科制度:高校图书馆学科服务研究的新视角.鸡西大学学报,2012(10)

[69] 汪琼,秦铁辉.图书情报工作在知识创新体系中的地位和作用.图书情报工作,2005(3)

[70] 肖珑,关志英.为人文社会科学研究提供可持续发展的信息资源共享服务.图书情报工作,2008(5)

[71] 阿拉坦仓.人本管理——大学图书馆管理的瓶颈.大学图书馆学报,2004(5)

[72] 陈骁.巨变环境中的大学图书馆生存之道.上海高校图书情报工作研究,2000(3)

[73] 陈涛.解读CASHL与中国社会科学院的合作.大学图书馆学报,2013(2)

[74] 周世辟.从适应社会需要上寻找图书馆事业发展的动力.四川图书馆学报,1995(3)

[75] 周军兰.中小型图书馆的生存和发展之道.图书情报工作,2000(2)

[76] 周惠平.专业图书馆知识服务的创新.图书馆界,2009(4)

[77] 周越美.试论图书馆人本管理文化的构建.文献信息论坛,2006(3)

[78] 欧阳彩新.高校图书馆人本管理模式的探讨.图书馆,2010(2)

[79] 武春福.用户价值战略与图书馆竞争优势.现代情报,2003(2)

[80] 武继山.关于图书馆人本管理的思考.情报资料工作,2005(2)

[81] 罗永泰,刘刚.物流服务创新与物流需求关系研究——基于共生理论视角.当代财经,2011(2)

[82] 罗繁明,陈娜.情报向知识创新成果转换探析.情报资料工作,2012(2)

[83] 范并思. 论信息技术对图书馆学的影响. 图书馆,2000(1)

[84] 范素文. 图书馆与繁荣哲学社会科学研究. 图情论坛,2004(3)

[85] 金明生. 影响中国图书馆事业未来发展的三个决定性因素. 中国图书馆学报,2003(4)

[86] 洪黎民. 共生概念发展的历史、现状及展望. 中国微生态学杂志,1996(4)

[87] 祖红波. 公共图书馆在公共文化服务体系中的定位与作用. 群文天地,2013(4)

[88] 胡喜成. 现代信息技术对地方社科院图书馆的影响与对策. 晋阳学刊,2003(增刊)

[89] 赵东. 论专业图书馆核心竞争力的构建. 图书情报工作,2008(3)

[90] 夏湘远. 人性·人本·人化——人本管理的实质及其管理实现. 长沙大学学报,2005(1)

[91] 徐云. 略论高校图书馆事业与人文社会科学研究的互动发展. 图书馆论坛,2005(6)

[92] 徐璞英. 按照读者需求调整社科信息服务策略——浙江省四大系统图书馆读者信息需求调查. 大学图书馆学报,2007(2)

[93] 索红梅. 提升专业图书馆核心竞争力方法研究. 图书与档案,2012(7)

[94] 耿笑颖,卢振举. 科研院所图书馆学科馆员服务机制研究——以中国科学院大连化学物理研究所为例. 图书情报工作,2012(增刊2)

[95] 袁年兴. 共生哲学的基本理念. 湖北社会科学,2009(2)

[96] 袁海波. NSTL 的建设与发展愿景[EB/OL]. http://wenku.baidu.com/view/b5a9ea0002020740be1e9b88.html

[97] 郭海明,曲振国.创新驱动下的图书馆项目化管理.图书馆理论与实践,2012(2)

[98] 陶颖.高校图书馆人本管理的机制问题.现代情报,2006(6)

[99] 堵海燕.专业图书馆服务新探.图书馆论坛,2006(5)

[100] 符小意.图书馆的未来不是消逝的风景——图书馆现状、对策之我见.图书馆工作与研究,2011(9)

[101] 黄文镝,韩继章.促进区域图书馆整体协同发展的社会影响.图书馆理论与实践,2012(1)

[102] 黄和建.关于党校图书馆整体化建设的思考.图书馆工作,1998(5)

[103] 黄荔梅.地方社科院的对策研究与图书馆情报工作创新.新世纪图书馆,2010(3)

[104] 傅鹤鸣,漆乐乐.哲学视域下的图书馆与网络时代.图书馆,2005(6)

[105] 喻华林,熊菊敏.读者导向下的图书馆服务与创新.图书情报工作,2012(6)

[106] 彭国莉.高校图书馆学科馆员组织模式探讨——以西华大学图书馆学科馆员制度为例.兰台世界,2007(9)下半月

[107] 程亚男.制度·文化·管理——图书馆管理的视角转换.图书情报知识,2005(10)

[108] 程亚男.组织文化与文化塑造——图书馆管理的视角转换.中国图书馆学报,2004(3)

[109] 程瑾,王萧等.科研所图书馆学科化服务问题探讨及目标策略研究.图书馆学研究,2012(20)

[110] 蒋志伟.知识管理和读者价值的匹配.图书馆理论与实践,2006(2)

[111] 蒙少东.社会科学专业图书馆的核心价值探析.情报资料工作,2011(1)

[112]蔡莉静,陈曹维.河北省社科信息资源现状调查与分析.情报资料工作,2005(1)

[113]霍春英.新时期地方社科院图书馆现状与对策研究.情报资料工作,2003(3)

[114][美]A.沃尔波特.远程高等教育市场中的高校图书馆.国外社会科学,2000(4)

[115][美]J.鲍曼.国家的生存:情报和社会研究者.国外社会科学,1980(6)

后　记

　　从 1993 年以来,我一直在安徽省社会科学院图书馆工作,切身感受到社会科学专业图书馆在哲学社会科学事业和图书馆事业中的重要地位和重要影响。2012 年,因为主持安徽省社科规划课题项目:"安徽省哲学社会科学创新工程中的信息服务对策研究",我带领课题组对安徽省域内公共、高校、党校、社科院等四大系统图书馆的社科信息资源建设与服务状况进行调研,通过调研所得数据的统计与分析,使我更加深刻地感觉到,随着整个社会信息环境的变化,图书馆界正经历着前所未有的巨大变革,社会科学专业图书馆系统由于历史短暂,资金、资源及专业人才都相对有限,条件与服务平台也较为落后,其效能发挥更承受着越来越多的困难与挑战。为顺应形势发展,确保这类图书馆在信息环境下能够更好地发挥作用,其建设与发展策略需作相应调整。不久,我读到了胡守钧先生的《社会共生论》,这是我第一次接触社会共生理论,即产生了强烈的共鸣。经验和直觉告诉我,共生哲学适用于图书馆事业发展研究,基于共生理论视域下的社会科学专业图书馆建设发展之路当为一条符合科学也合乎实际的可行之路。之后,我系统研读了袁纯清、胡守钧、李思强等学者的相关研究著作,社会科学专业图书馆共生发展的思路逐渐清晰,并有了今天呈现在读者面前的这本小册子。

在本书即将出版之际,我特别要向两位德高望重、慈祥可亲的著名学者和老师表达感激之意。感谢我国著名图书馆学情报学专家、中国社会科学情报学会理事长、中国社会科学院学部委员黄长著先生,当我冒昧地将这部书稿寄送给黄长著先生,请其指教时,竟得到了他的热情帮助。先生于百忙之中抽空审阅我的书稿,并欣然为本书作序。感谢引领我走上治学之路的朱玉龙先生,他是一位著名的历史学家,曾担任安徽省社科院历史研究所所长、《安徽史学》总编多年。在本书初稿完成的时候,朱老师即专门抽出时间细致审读书稿,给我提出了详细的修改意见。从两位老师身上,我看到了他们对年轻一代科研人员的鼓励、爱护和高度负责任精神,他们渊博的知识、深厚的学术功底、宽广的胸襟、儒雅的风范,值得我学习一生。

在我的研究过程中,还得到了安徽省委宣传部有关领导以及安徽省社科院领导和诸多同事们的帮助与支持,得到了安徽省社科联、安徽省委党校、安徽大学、安徽师范大学、安徽财经大学、安徽省图书馆等相关单位和个人的帮助与支持。在此,我向他们一并表示感谢。本书能够顺利出版,得益于安徽大学出版社的大力支持,也借此谨致谢意。

最后,我要向我的家人深情致意,成果的背后,也凝聚着家人的鼓励与支持,他们是我能够专注于科研、完成本书的不竭动力。此时,希望他们能一同享受收获的欢乐。

著述过程中,我参阅和引用了许多专家、学者们的研究成果和学术观点,在书中已尽可能详细作了说明与注释。由于本人水平有限,书中难免有疏漏和不当之处,敬请各位老师和读者批评指正。

白　云

2014 年 7 月